感動発見！

東海道みちくさウォーク

栗屋誠陽
新郷　久　著

風媒社

感動発見！ 東海道みちくさウォーク　目次

感動発見！ 東海道みちくさウォーク　目次

1

丸《まり》子《こ》

丸子宿（静岡県静岡市）　岡部へ二里（約8キロ）
人口　795人
家数　211軒　現在の最寄り駅
旅籠24軒・本陣1軒　JR安倍川駅

いにしえに思いを馳せて

鞠子とも、古くは麻利子とも書かれた丸子にあってもっとも知られているのは、とろろ汁と連歌師宗長ゆかりの柴屋寺である。

昔は川越人夫に担がれて渡ったものだが、今は美しいアーチ連なる安倍川橋。駿府静岡から渡って手越を1キロほど過ぎた所で、駿河大橋を越えてくる1号線と合流してすぐに左へ入れば東海道丸子の里。といってもしばらくは商店街や小学校を見て右に曲り、わずかに形蹟を残す一里塚と碑のみの本陣跡もあるが、往時から丸子川に沿った小さな宿場だった。

1号線の喧騒はどこへいったのか、本数の少ないバスも通っているが、ひっそりと時代から忘れ去られたような雰囲気である。歩みに合わせて時間がゆっくり古に流れてゆく。

最近、江戸時代の暮らしのゆとりや豊かさについて見直されだしている。近代の矛盾が私たちの生活感覚の中で疼《うず》きだしてきたのだ。近世中世への想像力をもつこと。言葉・映像だけでなく、わずかに姿をとどめる遺跡や自然から想像力をひろげていく。

江戸時代の時空に浸るひとときを過ごすには、歩く速度がちょうどよい。心なごみ、懐しささえ覚える。それは一《いつ》に道である。道に暮らしが始まり、文化が営まれ、歴史が築かれ、時経て実際には見たことのない世界への追憶が生まれ、懐しさをよびさます。道は

とろろ汁の丁字屋

吐月峰柴屋寺

不思議なものだと思う。

名物の自然薯

　さて、粘りの強い自然薯《じねんじょ》はこの地の特産で、とろろ汁の店は何軒もあった。宿場の西はずれに広重の絵にもある丁子屋は旅人に評判だったようだ。元の店は昭和46年に取り壊され、茅葺きの古民家をここに移築して「東海道五十三次・鞠子」が再現されたような趣で、今もよく賑わっている。

　『東海道中膝栗毛』では俄雨に降られてやっと飛びこんだ茶店だったが、夫婦げんかが始まって頼んだとろろ汁を食べそこなった道中話が、面白おかしく実に活き活きと描かれている。

とろろを詠んだ芭蕉の句碑

「梅わかな丸子の宿のとろろ汁」と

家康お手植えの梅

書かれた芭蕉の句が、小さな山間《やまあい》の宿場の風趣をよくとらえて鞠子の名を今も高からしめている。丁子屋傍の植込みに碑があるので、芭蕉がここで詠んだものと思っている人も多い。

　大津の荷物問屋で門人の乙州《おとくに》が元禄4年春に江戸へ旅立つ折に、当時、大津に庵を結んでいた芭蕉が贈った餞別の句で、乙州は「笠新しき春の曙」と付けて、心はずむ旅の思いを述べている。

　道中には梅も咲き香っていよう、若菜も美しい土地もあり食膳を飾ってもくれよう、丸子の宿では名物のとろろ汁で疲れを癒し、いい旅を――この句の影響もあってか、江戸後期宿場は盛況だったらしい。

　地元の俳人たちがこの碑を建てたのは文化11年というから、芭蕉没後１２0年のことである。

　岡本かの子の小説『東海道五十三次』の中で、「別に変わった作り方でもなかったが、炊き立ての麦飯が香ばしい湯気に神仙の土のやうな匂ひのする自然薯は落ち付いたおいしさがあった。私は香りを消さないように薬味の青海苔を撒《ち》らさずに椀を重ねた。」と書かれている。

　私たちの小さい頃は、すり鉢・すりこぎはどの家にもあり、とろろ飯の時は芋をするのを子どもが手伝ったものだ。だんだん粘りの出てくるのが面白く、高く持ち上げてはしゃいだものだ。ごまなどもすり鉢ですった。

　この頃は手伝いをさせるどころか、ご飯を炊かない、俎板《まないた》のない若い家庭もあるという。お袋の味から「お」が

高札場跡

丸子宿本陣跡

とれて袋の味中心の生活では、受けつぎ伝えていく家族の団らんは失われていくばかりだ。自分のライフスタイルを求めることなく、ただワンランク上をめざすだけの外見華麗な根なし草文化の国に堕してしまう。現代文明は確かに豊穣をもたらしたが、「早い・安い・便利だ」は時に三悪でもある。人間が永く、常に人間らしく生きていくのに必要なものを、この三つを追い求めつづけたゆえに壊してしまった。せめて少し不便なことが必要なのだ。歩きながらそんなことを考えた。

宗長ゆかりの　吐月峰柴屋寺

吐月峰柴屋寺へ初めて行ったのは学生時代、国文科の遠足だった。西鶴の旅行案内記『一目玉鉾』に「○鞠子○小笹山　連歌師宗祇の住給ひし跡とて有。此山川より盆山《ぼんさん》の黒石出でける。それより岩根道を行に笹の屋立つづきて、賤《しず》の仕業には、やさしくも十団子を売る声もをかし」とあるが、宗祇は宗長の誤りと教授に教わった。島田出身でのちに宗祇の弟子になった連歌師である。

そこは海道から700メートルほど奥まった山間で、閑居した宗長が築いたといわれる庭園は国の名勝史跡に指定され、知る人ぞ知る月の名所でもある。「寺と茶室と折衷したような」本堂だと、岡本かの子が書いている。見事な竹林もある裏山がぽっと月を吐き出すという現代的なイメージは忘れられない。煙草の灰吹きのことを吐月峰というのはここからで、焼印の押された竹細工を売っている。

『宗長日記』はここの草庵での生活を綴った記録だが、当時の風俗習慣など知る上で貴重な資料とされている。

手児の呼坂から静岡市方向

誓願寺

他に『宇津の山記』『宗祇終焉記』などがあり、宗祇没後の連歌界では重きをなした。ちなみに宗祇は遠く芭蕉が敬愛した中世の連歌師である。

　山下清の『東海道五十三次』の中にここ柴屋寺の点描風の一品があることを添えておこう。

誓願寺の悲話

　西に進み二軒家の交差点を北に入ると誓願寺に至る。豊臣から徳川へと権力が揺れ動く歴史の狭間《はざま》で、結果は翻弄されるところとなった片桐且元《かつもと》ゆかりの寺である。

　秀吉の家臣で有名な賤ヶ岳の七本槍の一人だったが、例の方広寺鐘銘事件が彼の運命を狂わせる発端だった。この寺に滞在して両家の仲介に務めたがかえって淀君らに疑われる。大阪の陣では徳川方に身を置くこととなるが豊臣家への苦衷の念も消し難い。その間の真情が坪内逍遥の『桐一葉』に切々と描かれている。遺言によって誓願寺に葬られ墓を成す。

　中世の山城だった丸子城はその跡を寺から見える山に残すのみ、今はハイキングコースとなっている。

千手の前ゆかりの地・手越

　丸子を主眼にした記述の都合で省いたが、安倍川を渡ってすぐの地手越について追記しておきたい。

　東海道では立場《たてば》（小さな茶屋が並ぶ休息処）だったが、古く鎌倉時代には府中よりも賑わった宿駅だった。安倍川の川越の権限を持ち、頼朝の家臣手越平太家綱が仕切っていたという。『平家物語』に出てくる千手《せんじゅ》の前の出身地である。手越宿の遊女だったとも長者の娘だったともいわれる。

片桐且元の墓（誓願寺）

貴人の宿泊に際しては長者が一族の娘を一夜妻としてお伽ぎをさせる慣わしがあった。教養遊芸に秀でたこの美女は鎌倉に召し出されたが、一の谷に敗れた平重衡《しげひら》を経緯があって一夜慰めることとなる。禁断の恋が生まれたが、重衡は京へ送られて処刑され、千手の前も後を追うように病死する。手児《てご》の呼坂《よびざか》の伝説として後世に残るが、こういう悲恋譚《たん》は義経と浄瑠璃姫をはじめ、東海道にはいくつも伝えられている。

海道から少し入った所に少将井神社と刻まれた石柱の建った小さな拝殿がある。手越平太にゆかりのものとは土地の人にもほとんど知られていない。椎の巨木に覆われて８００年の淀んだ影がある。歴史への追憶だけがこれに光彩感を蘇えらせる。

2

岡《おか》部《べ》

岡部宿（静岡県岡部町）　藤枝へ一里二六町（約6・6キロ）
人口　2322人
家数　487軒　現在の最寄り駅
旅籠27軒・本陣2軒　JR焼津駅

在原業平の歌碑

岡部宿は丸子からは2里だが、険しい宇津谷峠を越えなくてはならない。東海道線が山間を避けて海岸沿いを走ったので、かえって海道の趣が色濃く残ることとなった。1号線新宇津ノ谷トンネル手前のバス停から左へ入る古い道と、さらに先を右に折れる東海道とがある。

つたかえでの茂る暗く細い道を心細く歩く『伊勢物語』の主人公が、すれ違った顔見知りの山伏に歌を託す場所である。「駿河なる宇津の山べのうつつにも夢にも人にあはぬなりけり」と、都の女に対して、夢でも逢わないのは私を忘れてしまったからなのかと、少しすねてみせた歌である。「蔦《つた》の細道」の険しい峠を登りきった所に業平の歌の碑が建っており、晴れた日は富士も見える。

国道を右に入る方の道筋は秀吉が小田原攻めに際して切り拓いたもので、幾分ゆるやかだったので通行も多くなり、こちらが東海道となる。「大名街道」とも呼ばれた道で、参勤交代の行列も通ったわけだ。

大名行列といえば、「下にー下に」と先回り役が庶民を土下座させ、槍持ち役が膝を外に開いて歩く姿を思い浮かべる。が、これも出発する時と、国境を越える時と、江戸に入ってのパフォーマンスで、あとは普通の行進だった。本陣に泊まる時にはそれなりの威

お羽織屋

お羽織屋の秀吉陣羽織

信を示さねばならず、参勤交代のための各藩の財政事情は大変で、節目節目で格好をつけるのに苦労したというのが実情である。

「お羽織屋」と豊臣秀吉

国道から、東海道に入るとひっそり取り残されたような宇津谷の里の家並みがつづき、家ごとに昔の屋号の木札を吊しており、往時がしのばれる。流れる時間の感触が不思議なほど違う。漂う、たゆとう刻《とき》という感じだ。時計をみると12時、ああ、午《うま》の刻《こく》かと思った。サンドウィッチを持ってきたが、握り飯にすべきだったと悔いた。

集落の中に「お羽織屋」の看板を架けた家がある。小田原出陣の時休息した秀吉に、馬の沓3足を献じた主は縁起のいい話などしてもてなした。上機嫌になった秀吉は着ていた陣羽織をぬ

十石坂観音堂

明治の頃の宇津ノ谷トンネル

いで与えた。戦勝して約束どおり立ち寄った秀吉に、主は種々願い出た。のちに家康も引き継いで免税地を与えたという。機微を心得たもてなしの大切さはいつの世も同じか。

　十団子はこの辺の名物で、小豆くらいの団子を十粒糸に通して房にし、どの家でも売っていた。今は慶竜寺で八月の地蔵盆に売られる。森川許六の「十団子（とうだご）も小粒になりぬ秋の風」の句碑がある。許六は蕉門十哲の一人で、この句は「軽み」の風趣がよく表わされていると、芭蕉に高く評価されていた。

岡部宿を舞台にした黙阿弥の作品

　丸子・岡部の宿はまた、河竹黙阿弥の名作『蔦紅葉宇津谷峠』で盲目の文弥殺しの舞台になった所でもある。文弥の姉が身売りして作った百両をめぐって、ごまの蝿と主家のために金策する十兵衛と、旅先での人生模様。人間の悲しい業欲を切々と訴える芝居である。3人の命が消された地蔵堂跡に礎石しか残っていないのが切ない。

　見たり聞いたり楽しんだりするのに、歩く速さがちょうどよい。おしゃべりも、立ち止って考えることもできる。歩いている間は拘束されない、自立した人間でいられる。「人間は考える足である」と、いい気分になる。金持ちになれない身ならせめて時持ちになりたいものだ。

古い蔦の細道の魅力

　東海道が栄えるに及んで平安古道が荒れはてていくのを惜しみ、蔦の細道顕彰のために、駿府の代官羽倉簡堂《はぐらかんどう》が「蘿径記《らけいき》」なる碑を成した。

岡部の町並み

蔦の細道

蘿とはつたのこと、径は道。漢文の名撰文で、文政13年（1830）のことである。字は幕末三筆の一人市河米庵。（「英語青年」の誌名を書いた英語学者市河三喜の祖父）。文中に「山を掘れば千歩のこと」と見通している。この地区には明治・大正・昭和・平成のトンネルのほか、岡部のトンネルも含めれば6本開通している。

　いずれにしろ古い蔦の細道をハイキングコースとして守ってきたのは立派なことである。戦後私たちは古い貴重なものを、時には古いというだけで壊してきた。歴史を消してきた。古いものの価値、そのよさが解ったら壊してもよい、といったら警句にならないか。岡部ほど古いものをいとおしむように大切に、守ったり復元したり、風土・産物を活かして新しい施設を造ったり、広くないエリアに密度の濃い歴史と文化が静かに息づいている所は珍しい。

名物の花火と玉露

　大井川が川留めになると二つ手前の小さな宿場も大混雑した。大旅籠だった柏屋は二度類焼しているが、残っている建物の棟上げは天保6年とする「類焼見舞覚」などの資料が、柏屋の土間発掘調査で見つかっている。170年前の100坪の建物は修復されて国登録有形文化財、歴史資料館となっている。町のイベントとして岡部宿雛祭り、端午の節句、観月の宴など催されている。

　戦国時代の狼煙を起源とする龍勢は、明治以前から神社の祭礼を彩る行事だった。竹製のロケット花火で、3

旅籠柏屋資料館

00メートル上空まで届く。今も隔年に打ち揚げられる。

山々の緑と朝比奈川の清流に育まれる玉露茶は、宇治・八女と並ぶ3大産地。その歴史と伝統的な栽培方法などを展示する玉露の里も、昔を今につなぐものである。新茶の玉露はかつて高村光太郎が、世界最高の美味しい幻想的な飲みものだと称えた。あまり知られていないが、岡部では明治以来珍しく紅茶が生産され、輸出もされていた。最近はその伝統を復活させようとする動きもある。

町の誇り・初亀酒造

岡部といえば知る人ぞ知る初亀酒造の町である。教育委員会の文化財担当指導員の池谷圭次さんにご教示いただいたが、宿場の中心にあった平井屋さんを明治に入って蔵ごとそっくり引き継いだのが初亀さんでと、さんづけで話されるところがわが町の語り部という感じがする。

全国清酒品評会や杜氏の投票でも1位、お酒の三冠王ダイヤモンド賞を受賞している。寒のうちだけ飲める濁り酒を内々に造るが、むろん名前などない。静岡の「日本酒ソムリエ」に初めて勧められた時、酔うほどに桃源郷に誘われる。この季にこの近くでしか飲めず、あとしばらくはどんなお酒もこれほどには思えない。ソムリエが美貌のゆえではけっしてない。手に入ったといわれれば、何をおいても飛んできたくなる、罪つくりなお酒である。

勝手に「罪つくり」と銘名したら、この頃はソムリエのご亭主が人間国宝の和紙を取り寄せ、自ら揮毫して一升瓶を飾り、釣耕苑（島田）で「罪つくりの会」が催される。

初亀酒造

西行と西住をしのんで

西行を慕って弟子となり、一緒に東国へ旅した西住は、師に乱暴をした相手が許せず仕返しをしてしまう。修行の身にあるまじきふるまいとして、破門されながら秘かにあとを追うが、岡部宿で一人悲しみのうちに命はてる。

旅の帰途西行は、別れの際に与えた笠が松にかかっているのを見つけ、事の次第を聞く。ゆかりの寺や墓、坐像、笠かけの松が残っており、謡曲『西行西住』の後半の舞台に。和歌の友でもあった二人の足跡をしのびたい。

3 藤《ふじ》枝《えだ》

藤枝宿（静岡県藤枝市）　島田へ二里八町
人口　4425人　（約8・8キロ）
家数　1061軒　現在の最寄り駅
旅籠37軒・本陣2軒　JR藤枝駅

家康も通った御成《おなり》街道

宿場を回っていると、いろいろ知らないことに出くわしたり、時に発見したりする。藤枝市に入り横内陣屋跡を見て、この辺りは美濃国岩村藩の領地（飛地）で、派遣されていた代官の陣屋だったと知った。

少し西に「従是西（これよりにし）田中領」と刻まれた傍示石があるのもこれで解った。藤枝といえば田中藩の城下町とだけ思っている人が多いのではないか。徳川の世になって城主を務めた大名は初代酒井忠利はじめ幕府の要職に就いたり、禄高が増えたりして、出世城として名高かった。

東海道は八幡橋を渡って右に折れるが、そのまま直進すると田中城の平島木戸に至る。大手門（口）が開かれるまではこれが城への正式な道だった。家康もよくここを通ったので、「御成街道」と呼ばれるようになった。駿府からこの辺りに出かけて鷹狩りを楽しんだ。途中喉が乾いて家来に汲ませた水を馬に乗ったまま飲んだことからその名がついた「馬上の清水」もあり、今も水が湧いている。

天和2年1月鷹狩りのあと城に立ち寄った家康は、ご機嫌うかがいにきていた御用商人茶屋四郎次郎から、鯛の天ぷらの話を聞いてさっそく試みさせた。食中毒をおこして駿府に帰ったが、回復しないまま4月に亡くなった。天ぷら人生で店を営んでいる知人に詳しく聞いたことがある。天ぷらといって

志太郡衙跡　復元建物

「月の砂漠」歌碑

も鯛を開いて串に刺し、熱した油を上からかけたものだったそうだ。

「よろしければつくりますよ。できものができていて体調が悪かったのに、うまいうまいと食べ過ぎたんですよ」と彼はいう。

月の砂漠と田中城

この城はもと今川の武将によって築かれたのものだが、武田信玄の手に移った。その後徳川が何度も攻めるが、日本で唯一とされる円形の四重に囲まれた堀と精鋭に阻まれた。川の一部をせきとめると水が堀に流れこみ、浮き城になるカラクリが仕組まれていた。

ついに攻め落とされてからは駿府の西の護りの役割を担うようになる。今は宅地化されて二の堀の一部が残るばかりだが、本丸跡の西益津小学校には円形堀に囲まれた形から「亀城」とよ

田中城下屋敷庭園

田中城下屋敷　復元家屋

ばれた城郭のミニチュアが造られている。ただし、諸本にはあまり記されていないことだが、田中城には天守閣はなかった。その庭園の近くに私たちの世代には遠い日のセンチメントを誘う童謡「月の砂漠」の碑が建っており、作詞した加藤まさをの母校だったと知った。彼はまた哀愁さそう絵も描いた。

この亀城の東南隅にあった下屋敷跡に、ゆかりの本丸櫓や茶室、庭園が移築復元され、往時をしのばせる。

道に迷って姥ヶ池に出た。小さな説明板もあったが、私としては発見だった。直径一尺ほどの木や竹の管でここから城内や侍屋敷に引きこんで、上水としていたという。今もきれいな水が湧き出している。古人の知恵と技にしばし感服した。

見れば町名入りの車輪とおぼしきものが沈めてある。山車の?とひらめいたが、郷土博物館に確かめた。はたして3年ごとに行われる飽波神社の祭礼の山車に使われ、ひび割れを防ぐため水に浸けてあるとのこと、改めてまた感心した。

須賀神社の大クス

東海道に出て少し東へもどり、須賀神社の御神木大クスを見た。樹齢500年といえば東海道開設より100年も前から大名行列や旅する庶民の喜怒哀楽を見つづけてきたわけだ。複雑な枝ぶりで空を歴史模様にデザインしている。15メートルの根回りは屈強豪快な土俵入りを思わせ、気のせいかクスの匂いがしてくる。

藤枝宿は他と違う独特の形態で成りたっていた。海道沿いの二つの郡の一部の町がそれぞれの親村に属したまま宿駅の役割を担っていた。伝馬業務は下伝馬町が上りを、上伝馬町が下りを

須賀神社の大楠

田中城家老屋敷跡

分担しており、並ぶ六つの町が業務を助けていた。白子町だけは下伝馬町の西隣りなのに免除されていた。

本能寺で信長が光秀に討たれた時、堺見物をしていた家康は伊賀越えをして伊勢に追っ手を逃れた。そこで野武士に襲われるが、百姓の孫三に助けられて白子から海路脱出した。その恩功から藤枝に住むことをゆるされ、その地を新白子と名づけて地子・諸役御免の朱印状を賜わったのがその由来。孫三は他国からも商人を呼び寄せて町づくりをし、その特権は引き継がれた。白子由来の碑が子孫の営む眼科医院の前に建っている。天保年間の地図とほとんど変わらない町筋を残す藤枝の町、一歩入れば往時の刻の香り漂う佇《たたず》まいが残っている。

熊谷直実の伝説

源氏の武将熊谷直実の伝説のある蓮生寺。加藤家の墓所があり、ここにも「月の砂漠」とまさをしのぶ碑がある。近くにある広大な蓮華寺池は今も見事な蓮の花が咲き、諸施設のある公園になっているが、寺を建てた長者の庭池の跡といわれる。

若一王子神社の社叢《そう》は県指定の天然記念物だけあって、暖地性樹木がこれだけまとまって自生しているのは珍しいのではないか。イチイガシ、カンザブロウノキ、ミミズバイなど照葉樹木の森で、中には分布北限の種類もある。市街地に残る貴重な自然林である。

月見里神社。諸本にはほとんど採り

大慶寺　久遠の松

上げられていないが、鳥居前に出た時は嬉しかった。標柱に「ヤマナシ」とルビがついている。周囲に山がなく月がよく見えるという意味で藤枝近辺にある苗字だと、学生時代に下宿していた家の主に教わったことで懐かしさ一入。人名は地名から出ているものという思いを実感した。この辺りの森も若一王子神社の裏山の自然とつづいてよくぞ残されている。

樹齢700年「久遠の松」

大慶寺はその昔日蓮が京への遊学の途中に立ち寄った寺で、お手植えの黒松が見事だった。樹齢700年「久遠の松」と称され、県指定の天然記念物である。

枝ぶりもさることながら根ぶりも素晴らしく、あちこち大地から盛り上がり、生命力の強さが感じられる。本堂右に紋入りで「田中城祈願寺」とあり、左には「満願日蓮大菩薩」と書かれている。感慨を催していると軽自動車が止まり、エプロン姿の中年女性が小走りで近づき、鈴緒を引っ張って鈴を鳴らし、慌ただしく合掌して帰っていった。寸時を惜しんでお参りする、こういう人の信心こそ尊いだろう。

ここの庫裡《くり》は田沼意次の相良《さがら》城御殿を移したもの。そういえば、宿の西から相良へつづく田沼街道がある。

藤枝の名物二つ

藤枝には東海道で評判の名物が二つあった。

蓮華寺池公園

木の葉のにせ札を使って足を斬られたきつねが、足を返してもらうためにやってきて、お礼に秘伝の傷薬をもってきたという。「きつねの膏薬《こうやく》」、よく効いた人気商品だった。

　もう一つは『東海道中膝栗毛』にも出てくる「瀬戸の染飯《そめいい》」。「強飯を山梔子《くちなし》にて染めて、それを摺りつぶし、小判形に薄く干して乾かして売るなり」と『東海道名所図会』に出ている。

東海道が瀬戸山を通っていた頃、その辺りで祝いの時に作られていたものを茶屋で売ったのが始まり。山梔子は疲労回復、食欲増進、不眠症の良薬で旅人に喜ばれた。

　東海道が平地に移ると茶店も青島に移転。「瀬戸御染飯」と壺形に書かれた版木から図案を復元して、駅前の喜久屋がおにぎりを売っており、郷愁をそそられる。

4

島《しま》田《だ》

島田宿（静岡県島田市）　金谷へ一里（約4キロ）
人口　6727人
家数　1461軒　現在の最寄り駅　JR島田駅
旅籠48軒・本陣3軒

越すに越されぬ大井川

「箱根八里は馬でも越すが、越すに越されぬ大井川」と謡われた、東海道最大の難所を擁する島田は、川越宿場として栄えた。広い川の浅瀬を探し探しして渡っていたが、雨のあとなど流れが急で不慣れな旅人には危険だった。川越しの手助けを仕事とする者が現れたが、料金などまちまち、川の途中で肩車を揺さぶって渡し賃を追加させる者もいた。

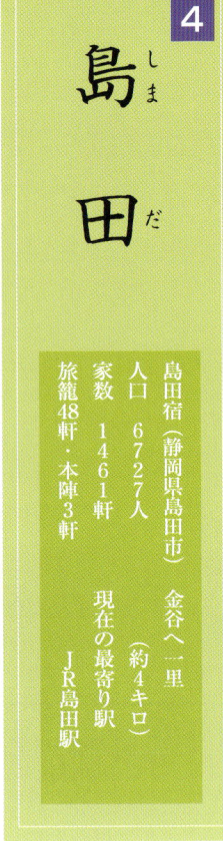

元禄9年（1696）に川越制度が定められ、代官に任命された川庄屋が川会所で管理運営をした。その日の水の深さや川幅や、平《ひら》から大高欄《だいこうらん》まで連台の等級によって賃銭が定められる。水深によって5区分され、脇通（4尺5寸）を越すと川留めになる。何日もつづくと隣の宿場も含めて繁昌を通り越してごった返しになった。（記録にある最長は幕末の28日）

長い間大井川・安倍川は「自分越し」、富士川・天竜川は渡船制度になっていた。たびたび渡船願いは出されたが、島田金谷の人々は、何百人もいる川越し人足の失業と、次のような話を根拠にして既得権を手放さなかった。

3代将軍家光上洛の時のこと。駿河大納言忠長が浮橋（舟橋）—船を並べて板を渡す仮り橋を架けた。家光は、神祖家康も父秀忠も「関東鎮護第一の要所」とされていたのに、「諸人往来の自由を得しむる事言語道断」として、ライバルだった弟忠長排斥のきっ

大井川川越遺跡

かけをつくった。

家康が防衛上橋を架けさせなかったといわれるが、その訓令も証拠も残っていない。上流で大雨が降るとたちまち急流となる東海型河川では木造の橋など流されてしまう。技術上の問題ではなかったかという。（小和田哲男）

川越しの歴史と文化を展示「島田市博物館」

川越しの歴史と文化を解りやすく展示しているのが島田市博物館。横の通りに国指定史跡の川越遺跡がある。川会所の人足の集合場所だった番宿などが立ち並び、往時がしのばれる。

その手前に、浄瑠璃や歌舞伎で大当たりした『生写《しょううつし》朝顔日記』ゆかりの松と碑がある（初代の見事な松は昭和10年代に枯れた）。恋する男を慕ってのさすらい旅で、泣き暮れて失明して

川会所の展示品「大高欄蓮台」

大井川川会所

しまう家老の姫君。偶然島田宿で触れあうが、男には連れの者がいて名乗れぬまま川を渡ってしまう。女はそれと知って追おうとするが、川留めにあって悲嘆の末身投げする。助けられて、男の託していった秘薬を飲むと眼が治り、最初に見えたのが河岸の美しい松の木だったという。

恋は盲目といえば八百屋お七。「火のついたようにお七は逢いたがり」。また火事になれば逢えると思いこんでの放火は、16歳の一途な乙女心だった。

お七が火あぶりの刑に処せられたあと、吉三は出家して廻国供養の途中島田で没する。地元の人が大井川近くの関川《かんせい》庵に葬った。後年訪れた旅の僧が事情を聞き、菩提を弔って地蔵をつくり、人呼んで吉三《きちさ》地蔵。(僧は二人の子であると名乗ったというが、少しできすぎていると思う)

世界一長い木造歩道橋

ここには世界一長い木造歩道橋が架かっている。

最後の将軍徳川慶喜の幕臣たちが、明治2年牧之原を開墾、始めた茶づくりも少しずつ軌道にのり、島田の人足たちも加わって往来が増えた。12年に完成したのが蓬来橋。全長８９７メートル22センチ、「厄なし夫婦」と語呂あわせして縁起がいい。平成9年ギネスブックに登録された。

人間の視野とは不思議なもので、岸に立っていると長い橋しか見ていない。歩いて中ほどに進むと広い川の中州や急流が眼に入り、川上と河口、両岸、何より広い空に吸いこまれて橋のことなど忘れてしまう。木橋ゆえに揺れることで気球に乗っているような錯覚と快感を覚える。

朝顔の松

川会所の展示品「平蓮台」

川水から町を守った「せぎ」跡

5月下旬に蓬莱橋ぼんぼり祭りがある。

日本三大奇祭の一つ 島田帯祭り

祭りといえば日本三大奇祭の一つ島田帯祭りが3年ごとに行なわれる。川の氾濫から土地を守り、故郷の繁栄と川越し安全祈願の大井神社の祭礼である。

島田に嫁いできた花嫁は晴れ着姿で神社にお参りして氏子となる。安産の祈願をすませ、その足で町中を歩いて報告とする。仕来りとはいえ見世物にされる女の方は難儀なこと。代って女の命「帯」を大井神社に飾ったあと町並み披露するようになったのが起源といわれる。親は嫁入り道具の中でも特に帯に気を配った。

行列の花形は大奴で、腰の左右に差した大太刀に丸帯を掛け、唐傘をさして練り歩く。大鳥毛、鹿島踊りに鉄砲隊、御神輿、御馬、殿様、屋台……、数百人の元禄大絵巻が延々とつづく。一度招かれたことがあるが、町中が祭りに酔って異様な雰囲気だった。川越しで繁昌した宿場の気っ風が今も市民の気質に残っている。

日本髪のことを島田ともいうが、最

大井神社

初に考案したのは島田の遊女だとか、島田生まれで曽我十郎の恋人虎御前だとか諸説がある。鵜田《うだ》寺には虎御前のと伝えられる墓があり、鬘《かつら》が飾られ、髪の塚もある。髷祭り・祇園祭・川留め夏祭り・川越し祭り、島田には十以上の祭りがある。

鍛冶の町に建つ芭蕉句碑

島田鍛冶一門一派の町でもあった。室町から江戸末まで多くの刀工を輩出している。刀鍛冶の仕事は芸術と信仰の律する厳しい職人業なのである。一門の芸を称えた碑も建てられている。

実は丸子の柴屋寺に住んだ連歌師宗長の父儀助もこの地の名匠だった。宗祇・宗長を敬慕した芭蕉も島田へはたびたび足を運んでいる。

片道を1回と数えると8回は東海道を歩いている芭蕉は、「東海道ひと筋知らぬ人、風雅におぼつかなし（俳諧を語る資格がない）」という。

島田では塚本如舟宅によく泊まった。初代の川庄屋も務めた豪商の風流人で、俳句の盛んな町とした。芭蕉如舟の連句碑はじめ碑が多い。

文化財の宝庫・智満寺

千葉山智満寺は文化財の宝庫である。ともに重文の千手観音や阿弥陀如来・諸尊像刻出龕《きざみだしがん》（希品）など枚挙にいとまがない。慶寿寺や鵜田寺にもすぐれた文化財が遺されている。

智満寺への途中大草の一万坪の土地に、総欅造りの庄屋屋敷釣耕苑《ちょうこうえん》がある。

笹間の豪雨水没の恐れから守るため、資材2万点余の解体移築工事だった。馬小屋を茶室にしたり、能舞台を造ったりする底知れぬ遊び心を持ち、拝金浮薄な今の世を嘆く苑主は、１０

大井川を横断する木橋　蓬莱橋

0年前の家で100年前の暮しをする。自給自足、炭も焼き、囲炉裏に薪をくべる。気催せば篆刻《てんこく》や水墨画に没頭する。

ここに奇蹟がおこった。現代南画の巨匠直原玉青が母屋三室の襖に松と竹を、最後に梅を描き了《お》えた時、どこからか舞いこんできた秋の蝶が、花から花へ、花にだけ飛び移るのだ。93歳の翁を取材にきていたカメラマンが偶然に撮影し、1995年度JNN映像大賞を受けた。事故や事件の収録での受賞ではないのがさわやかだ。

画禅一如の巨匠芸術の法悦境にさそわれた蝶のように、釣耕苑は人の心も身体も生き返らせる。

5

金《かな》谷《や》

金谷宿（静岡県金屋町）　日坂へ一里二四町
人口　4271人　（約6・4キロ）
家数　1004軒　現在の最寄り駅
旅籠51軒・本陣3軒　JR金谷駅

義賊・日本左衛門の墓

かっては海道一の難所だったゆえに大小さまざまな悲喜劇も生まれた。そんな人の世を思いながらゆっくり歩いても大井川橋は18分あれば渡れる。無事に川越しができると「水祝い」と称して酒を飲んだといわれるのも解るような気がする。

大井川鉄道の新金谷駅の近くにある宅円庵、義賊日本左衛門の墓がある。

河竹黙阿弥の芝居『白波五人男』の頭目で、実在の人物だ。江戸で処刑されて生国見付宿でさらし首にされたが、金谷の情人おまんが盗みだしてここに埋葬した。血なまぐさいまでの愛に走らせた男は並の人物ではあるまい。

金谷駅から大井川寄りが宿場の中心だったが、手前のガードをくぐった長光寺には芭蕉の句碑がある。『野ざらし紀行』旅中の一句「道のべの木槿《むくげ》は馬に喰はれけり　はせを」。濁点は付けないから「は」、「しょう」は旧カナで「せを」。出る杭は打たれると同じ教訓に引用されるが、違う。「ものいへばくちびる寒し秋の風」も口答えを戒める例えで使われるが、どちらも見たまま感じたままの所感写生句である。

ほどなく急な金谷坂にさしかかる。ここには東海道を守るいい話がある。石畳は荒れはてて30メートル残るのみで、簡易舗装されていた。平成3年「一人一石」を目標に町民参加の道普請を呼びかけ、7万1000個の山石で430メートルの石畳を復元したの

茶園越しに見る大井川

復元された東海道石畳

だ。住民手づくりのここはぜひ歩きたい。（長野県下条村では資材費だけ村が負担し、村民の無償作業で必要な生活道路が舗装されている。国の補助事業だと6倍費用がかかるという。住民参加型の道普請だ。）

交通の便に恵まれた現代人は、ゆっくり歩くことで考えることを促される。武家や町人、女も歌人も通った石畳の海道を歩けば、歴史の哀歓への想像力をかきたてられる。司馬遼太郎がいうように歴史を学ぶことは千年を生きることだろう。

見渡す限りの大茶園

登り口の石畳茶屋（宿場・海道資料室併設）の上の庚申堂には、金谷で蕉風を広めた名古屋の俳人巴静《はじょう》の碑がある。「曙も夕暮れもなし鶏頭華」、人柄のしのばれる滋味に富む一句。坂の途

東海道とクロスする大井川鐵道

川越し資料館

中にある鶏頭塚を詠みこんだ作だろう。門人たちが徳を慕って建てたのもうなずける。

土地の人に信仰厚い庚申堂だが、日本左衛門がここで変装して夜働きに出ていたと言い伝えられている。

登りきった所に、これも『野ざらし紀行』の名句「馬に寝て残夢月遠し茶の烟《けぶり》」の碑が建っている。今でこそこの辺りから小夜の中山にかけての牧之原は壮大な茶畑だが、当時は自家用の茶の木があった程度で、荒れた雑木林の丘陵だった。

大政奉還後、駿府にいた禄を失った旧幕臣たちの殖産事業として、勝海舟らの考えたのが牧之原台地の開懇だった。幕末から輸出品として急増していた茶の栽培に着目してのことだった。

また、明治3年新政府が川越制度を渡船に切り替え、失職した人足たちも加わって大開拓団となった。紋付・袴に陣笠姿の鍬仕事、丘に上がった人足も勝手が違う。困難を極めた作業に苛だつ。異なった階層の反目が絶えず、共同作業はなかなか進まない。逃げだす者もいたらしい。

今、見渡す限り一面に緑濃く、なだらかにうねる1万5000ヘクタールの大茶園。南アルプス、富士、伊豆半島も眺望できる。丘陵の斜面に円く波うつ満目緑のすぐその先に、白い富士山が傾いて迫ってくる光景は幻想的でさえある。

牧之原公園の斜面にはカタクリが群生し、3月から4月にかけて紅紫色の可憐な花を咲かせ、陣笠開墾の日々から隔世の感がある。

山城・諏訪原城址

菊川の方へ歩いて諏訪神社鳥居から森へ入ると、国指定の文化財・中世の

金谷宿はずれの東海道

大井川　金谷側東海道との合流点

山城諏訪原城の名残りを見る。地形を活かして大小の空堀や水堀をめぐらし、海道筋からは想像もつかぬほど壮大で、九分通り遺構が現存しているとは貴重である。観光化されていないのがよい。

もどって茶畑の中を進むと菊川の村落へ向かうが、記述を金谷坂手前の別れ道まで引き返す。ほとんど知られていない、日本最初の有料道路中山新道の道銭《どうせん》場（料金所）がそこにあったのだ。

日坂までの険しい東海道のバイパスを巨費を投じて作ったのは杉本権蔵、明治13年のこと。馬車荷車の通行も増えたが、22年に東海道本線が通って利用者は激減した。かつての有料道路も今はほとんど国道に編入されている。

菊川坂も難所といわれた石畳道だった。近隣の村落の手助けで当時の石畳を復元、いわば平成の「助郷」によって13年に全長６１１メートルの古道がよみがえった。西側登り口から１６１メートルは、平成12年に発掘されたもので、当時の姿のまま遺されることになった。これは文政年間、江戸末期の遺構である。沿道には「旅人」が採ってもよいキンカンやグミなど実のなる木が植えられている。

中世の宿・菊川

菊川はかつて幕府の天領でもあり、間《あい》の宿としてにぎわった。金谷日坂は特に長い距離ではなかったが、急な坂道が多いので間の宿が設けられた。駕籠や馬の人足がひと休みしたり、旅人がお茶や軽食をとった所で、宿泊はできなかった。（大根葉のふりかけご飯

諏訪原城址

に豆腐の味噌田楽を添えた「菜飯田楽」が菊川の人気メニューだった）が、財政難の小大名がこっそり泊まることもあったらしい。間の宿の小規模なのは立場と呼ばれた。

　菊川は中世まで宿駅だった。『太平記』の「俊基朝臣東下り」にも出てくる土地である。菊川の里会館わきに藤原宗行卿詩碑と日野俊基歌碑が忘れられたように並んでいる。歴史はいつも勝者の視点で記述されるが、できる限り史実を究めるとともに敗者の無念に心寄せることを忘れてはならない。

　承久の変（１２２１）で後鳥羽上皇を中心に兵を挙げるが、北条政子・義時の幕府勢に敗れ、側近中御門宗行は鎌倉へ送られる。途中菊川で辞世の漢詩を宿の柱に書き遺した。１００年後、正中の変で捕えられた後醍醐天皇側近の日野俊基。鎌倉へ護送される途中この宿に泊まり、宗行の詩を思い、「古もかかるためしをきく川におなじ流れに身をやしづめん」と詠んだ。奇しくも歴史は繰り返された。

　菊川の里会館側から石畳の坂を上ると、中腹の農道左に宗行卿塚（文久３年建）があった。

　少し暗い話になったから、菊川名物菜飯田楽にちなみ、江戸の狂歌師馬場金埒《ばばのきんらち》が菜飯茶屋に脇差を忘れた話で笑いを添えよう。掛川まで行って気づき取りに戻った。途中の小夜の中山で西行が詠んだ名歌をもじって、「一日に二度越ゆべしと思ひきや命からがらさやの中山」。ユーモアは心も足ももみほぐしてくれる。

諏訪原城址から菊川方面へ向かう石畳道

博物館「お茶の里」

牧之原台地の中央に博物館「お茶の里」が建てられたのは平成10年。金谷駅からも東名相良・牧之原インターからもそんなに遠くない。大井川と対岸の島田の街も低い山並みも一望でき、何より中央に富士山と向きあえるロケーションがいい。

小堀遠州の茶室や庭園を復元、寛永文化の粋が凝縮されている。館内には世界の喫茶文化が紹介され、全国・世界から集められた味と彩りが堪能できる。

6

日《にっ》坂《さか》

日坂宿（静岡県掛川市）　掛川へ一里二九町（約6・9キロ）
人口　750人
家数　168軒　現在の最寄り駅
旅籠33軒・本陣1軒　JR掛川駅

夜泣き石の伝説

金谷坂、菊川坂を越えてまた小夜の中山峠へと、険しい山道がつづく。「小箱根」とも呼ばれたのもうなずける。

ここは平安時代以来歌枕として和歌や紀行文などによく出てきて広く知られ、史蹟も多い。もっともポピュラーなのは夜泣き石である。

ただし諸説紛紛、本によってみな違う。骨子は殺された妊婦から赤児は助けだされ、飴をよく食べて育てられた、女の霊が石にのりうつり夜な夜な泣いたということ。傍らの松が泣いたともいわれる。松風だったのではないか。その樹皮を焚き煙を吸わせると赤児がよく育つとされ、松が枯れてしまったともいう。滝沢馬琴の小説『石言遺《せきげんい》響《きょう》』の舞台ともなってこの話が流布したが、これも創作ではある。さらに古い月小夜姫・小石姫の伝説も重なって複雑である。

その夜泣き石が二つある。

一つは東海道の北を走る国道沿いの土産物の小泉屋（もとは小夜の中山の茶屋）の裏にある。昔は宿場手前の急な沓掛の坂に転がっており、広重の「日坂」にも道の真中に描かれている。大名行列の時もそのままだった。「夜は泣き昼は旅人のじゃまになり」とか「じゃまな石夜はひとりでかなしがり」とか川柳がある。明治天皇の東京行幸の機によけられた。

土地の人によると、明治14年東京の博覧会に出展されたが、帰りの船賃や

日坂宿本陣跡

事任八幡

焼津港からの運送費にも事欠く仕末、今の場所まで運んできたのがやっとだったのこと、そこに置かれたままだそうだ。

　小夜の中山峠に立つとひろがる茶畑越しに富士や駿河湾も眺望できる。その近くの久延（遠）寺にもう一つの夜泣き石がある。大正末年に誰かが運んできたものらしい。

　二つの石はよく似ている。もとは里に長く伝わる話からきたことだから、どちらが本物かの詮索よりも大らかに受けとめておく方がよいかもしれぬ。この辺ではこういう形・大きさの石が時どき出るのだそうだ。

西行と芭蕉の碑

　由緒あるこの寺には家康お手植えといわれる五葉の松はじめ碑も多い。進飯亭跡碑によれば、掛川城主だった山

子育て飴の扇屋

扇屋前公園前の西行碑

内一豊がここに東屋を設《しつ》らえ、関ヶ原に向かう家康を接待激励したとある。

　寺の西で子育て飴を売る扇屋では物知りの名物婆さんがいたが、今は店を閉じている。その前にある公園の入口に、西行の「年たけてまた越ゆべしと思ひきや命なりけり小夜の中山」の碑が建っている。険しい小夜の中山を再び越えられるのも、命あってのことだという深い感慨のこめられた名歌である。

　そういえば「命なりけり学舎」と書かれた建物があったが、戸がしまっていた。学習塾なのか集会所か、いいネーミングだ。ともあれ小夜の中山は東海道有数の枕歌として親しまれてきた所だ。勅撰集だけでも60余首、他に多くの歌集・句集・紀行文にも出てくる。金谷峠にもあった芭蕉の「馬に寝て残夢月遠し茶のけぶり」の句碑が、久遠寺と涼み松のそばにもある。中国の詩人杜牧の「早行」をふまえてのもので『野ざらし紀行』の一句。

　早暁、馬の上でうとうとし、小夜の中山に至ってふっと眼がさめたと前文にあるから、この地に建っているのがふさわしい。名残りの夢からさめると二十日余りの月が遠くに見えて、近くの里の家々から茶をたく煙がたち上っている――情景心情がよく伝わって雰囲気のある佳句である。

扇屋本陣跡のたたずまい

　ダンプなど大型車両も多い1号線を越えて細い道に入ると、気圧の差が肌に感じられる。文明の気圧である。風景画を評する時にその地の空気が描けなければというが、百歩歩いただけで空気まで違う。ゆるやかな半円形に回って高札場からはほぼ真直につづいて700メートルほど。

日坂宿高札場跡

小夜の中山　夜泣き石

鈴鹿西麓の坂下、駿河の由比につぐ3番目の小さな宿場だった。人口750人、家数168軒、本陣・脇本陣各1軒、旅籠は大小合わせて33軒。天保14年（1843）の改めによる『東海道宿村大概帳』に載っているデータで、これがいわば当時の「国勢調査」の基本台帳である。

山間《あい》のひっそりした宿場の面影は今も伝わってくる。江戸時代の町割りはほとんどそのまま、家ごとに昔の屋号が木札に書かれている。

扇屋本陣跡は小さな門に幕がかけられ、その奥に幼稚園が見える。平成9年に124年ぶりに復元された高札場には、時代劇で見かける「定」で始まる幕府のお触れが何枚も並んでいる。「何事によらすよろしからさる事……百姓大勢申合候をととうと唱へ……徒党して…御褒美として　ととう訴人　銀百枚……」とか、「切支丹宗門ハ累年御禁制……はてれんの訴人　銀五百枚……」など、拾い読みしていくうちに歴史への追想をかきたてられる。

貴重な史跡・旅籠「川坂屋」

江戸時代末に建てられた旅籠川坂屋は往時の外観をそのまま残している数少ない建物の一つ。江戸から棟梁を招いて建てられ、精巧な木組みと細かな格子を特徴としている。上段の間もあり、身分の高い武士などが宿泊し、脇本陣格だったと思われる。

地元の資料によれば、300坪以上あったが昭和25年の新国道開通で分断され、その後も平成7年のバイパス工事で、掛川城主から拝領した茶室も蔵とともに取り壊されてしまった。

川坂屋

天保11年（1840）の宿場図で見ると川坂屋の筋向かいにある萬屋は庶民の泊る旅籠だった。一階が帳場や店で宿泊は二階という普通の構え。「一階はすべて板の間で、事ある時のみ畳を敷いた。一階に通り土間がないこと、二階正面の出格子が掃き出しで格子戸がなく、建ちの低い手摺《す》りのみで開放的なことなど、一味異なった構えの旅籠」であった。

藤文は日坂最後の問屋を務めた商家で、明治4年郵便制度が始まった時郵便取扱所を開設して取扱役（局長）に任ぜられた。日本最初の郵便局の一つといわれている。

事任《ことのまま》八幡とわらびもち

宿場の西はずれ、1号線に合流する所にある事任八幡。立ち寄ってみると樹齢700年の杉をはじめ大樹茂る蒼古たる風情の社だ。

一風変わった名前だけは知っていたのは、碧南の市民講座で講じている『枕草子』に眼を通していたから。「社は」の章段で「ことのままの明神、いとたのもし。『さのみ聞きけむ』といはれたまはんと思ふぞいとほしき」（ことのままの明神はまことに心強い。「あまり願いごとを聞き届け過ぎられたであろう」といわれなさると思うのが気の毒だ）。他にも『東関紀行』や『十六夜日記』のほか『方丈記』の作者鴨長明の和歌にも詠まれている。

ただし、聞き入れなかったことがある。この神の姫君を竜宮に迎えたいという願いをだ。『東海道名所図会』に里談として紹介されている。竜神は恨んで、塩井川へ潮を満たして雌雄の鯨を繰りだし、姫を奪おうとした。ちょうど碁を楽しんでいた神は碁石碁板を投げてやっつけた。2頭の鯨はそのま

川坂屋室内

ま山と化して今に残っている。地図を見ると雄鯨山と雌鯨山、その間に塩井川が流れている。海と陸とにまたがる、何ともスケールの大きい想像力のなせる話だ。可愛い娘を思う親心に人間味を覚える。

　ただ雄鯨山は土地造成のため最近崩された。いろいろ教えられることばかりの清少納言にこのこと伝えなん、語らばや。

『名所図絵』ではないですかと、学生に聞かれたことがある。「会」には「集まる」の意があるのを付しておこう。

　その『東海道名所図会』や林羅山の『内辰紀行』などに、日坂名物わらび餅のことが出ている。「葛の粉をまじへて蒸餅とし豆の粉に塩を和《あわ》し」たもの。今も日坂の家々ではつくられているし、食べられる店もある。

7

掛《かけ》川《がわ》

掛川宿（静岡県掛川市）　袋井へ二里一六町
人口　3443人　（約9・6キロ）
家数　960軒　現在の最寄り駅
旅籠30軒・本陣2軒　JR掛川駅

東海の名城・掛川城

馬喰橋を渡ると葛川一里塚（跡）、秋庭常夜灯があって、この辺りが宿の東端になる。東海道はやがて左に折れるが、すぐに右に左に城下町特有の迷路になる。「新町七曲がり」と呼ばれ、距離を長くして城へ迫りにくくする。一方味方は「お早耳道」という木戸口の先から東町番所に直結する間道を使って道のりを短縮する。

掛川城は、戦国末に入封した山内一豊の大改修によって天守閣をもつ近世城郭となり、城下町づくりもすすめられて東海の名城とうたわれた。（正しくは「カットヨ」と読むとする説もある）

安政の大地震で大半は損壊、140年を経て平成6年に復元され、再び町のシンボルとなった。天守閣の姿を伝える資料がなかったので、関ヶ原のあと一豊が大出世した高知の城を参考にして造られた。漆喰も美しい三層四階の新掛川城には特筆すべきことが二つある。

全国で復元されている天守閣はどれも鉄筋コンクリートだが、ここは昔どおりの木造建築である。もう一つは、5億円もの個人寄贈を基にそれに近い額の市民募金がベースになり、全国から集まった各種職人が腕を揮ったことである。地震で倒壊した後に再建された二の丸御殿は、京都二条城など数ヶ所しか残っていない城郭御殿の一つで、国指定の重要文化財とされている。

掛川城

掛川城遺構　蕗の門

一豊と妻千代は掛川の人に長く親しまれてきたことが再建の熱意につながっていたかもしれない。その一豊がしたように、これを機に徹底した区画整理と昔の風情を漂わせながらの街並みづくりがなされ、歩いていて楽しい。季節によっては富士山も遠望できる天守閣からの眺めは素晴らしい。

3代将軍家光を祀る龍華院（県指定重文）や、二宮尊徳の教えを全国に普及する「報徳運動」本社の森も見える。眼下には二の丸御殿、茶室、美術館がある。

一豊と千代の出世物語

一豊は信長・秀吉・家康と3代に仕えた武将だが、妻の内助の馬物語がつとに名高い。誰も買えなかったのに、千代の持参金で手に入れた名馬が馬好きの信長の眼にとまる、その事情も知

大日本報徳社

二宮尊徳像

られて一豊の出世が始まる。

　もとは秀吉の命で掛川城に入ったのだが、家康とともに関東で上杉攻めに加わっていた一豊のもとに、千代から「笠の緒の文」が届く。石田三成ら大阪方の動勢を記した密書を家康に伝えた。関ヶ原直前の微妙不穏な時代だった。

　合戦では目だった勲功もなかった一豊が、掛川から24万石の土佐へ大栄転したわけはここにあったらしい。馬の話ほどは知られていないようだ。千代の賢夫人ぶりが語り継がれていたからとか、二宮尊徳の篤農節倹思想の影響もあってか、道中記などに「めしもり、遊女なし」とか、宿場に珍しく本屋ありとか記されているお堅い宿場だったと書いている人もいる。

　歩きながら薪を背に本を読んでいる二宮金次郎の石像は、かってどこの小学校にも建っていた。親孝行を柱にして敗戦までの近代教育に利用されてきた。この地の庄屋父子がその農村復興の仕法を学んで村を立て直した幕末以来、掛川は遠州の報徳運動の中心となった。

海道を歩いたオランダ人

　東海道は外国人もさまざまな目的・所要で歩いている。よく整備されていて歩きやすいと多く賞賛されている。旅の途中で亡くなった彼らを弔っている所がある。龍華院から東へ足をのばすと、天然寺にケイスベルト・ヘンミイが眠っていると聞いた。四角の珍しいかまぼこ型の墓だった。

　鎖国の中唯一交易が認められていたオランダの使節として来日、11代将軍家斉《いえなり》に謁見のあと長崎へ帰るところだった。本人の希望で戒名を受け、仏式の葬儀だったという。

ヘンミイの墓　天然寺

墓にオランダ語の碑銘が刻まれ、大正14年に傍に建てられた顕彰碑には訳文も記されている。思い半ばにして念を残したことだろう。

　掛川駅の500メートルほど南の大日寺にはキリシタン灯籠がある。小さな灯籠の下の方に細身の聖母の立像が彫られていた。塩の道（相良街道）の路傍に埋もれていたものが明治になって発見され、ここに安置されたという。

加茂花菖蒲園

　幕府の厳しい弾圧から逃れようとする恐怖とマリア様を護る思いが一つになった痛苦。人間の弱さではない、信仰の強さを思う。夜明けかたそがれか、人目を避けて祈る形さえとれぬまま祈ることで許しを乞う。日常信仰に鈍感で神仏と都合よく付き合っている自分に気づいた。

　東海道を歩く——歴史という舞台の上の盛衰の跡を尋ねるだけでなく、光と影、いや影にも現れることのなかった名もなくひたむきに生きた人々に思いを寄せるひとときを持つことが歴史への追憶である。供えられたばかりと思われる秋の花が美しかった。

平将門ゆかりの町名

　全国に二つとない十九首《じゅうくしゅ》町という、それこそ首をひねりたくなるような町名がある。

　平安中期、朝廷を震撼させた関東八州の武士の反乱も、藤原秀郷《ひでさと》らによって鎮圧された。平将門《まさかど》らの首は京へ運ばれたが、賊臣の首を御所に近づけてはならぬと、首実検の勅使が派遣され

馬喰橋たもとのお菓子屋さん

十九首塚

た。掛川で出会い、検視のあと捨てられるところ、秀郷が「逆臣といえども非道のこと」として19人の首を埋葬した。長い歳月のうちに将門の首塚だけが残っている。

町民はこれを守り神として春秋の彼岸と8月15日の命日には弔っている。将門は時代の主流になりえなかったが、『将門記』にも描かれているようになかなかの人物だったようだ。

3代目尾上菊五郎は何役でもこなし、粋な江戸っ子役で湧かせた江戸末期の名優。芭蕉なみに東海道を往来もし、五十三次を舞台にした芝居も演じている。大阪からの帰途掛川で病没、広楽寺の墓の台石には音羽屋と刻まれている。

古より名高い葛布《くずふ》の里

掛川は葛布の里として古から聞こえていた。静御前の舞の鑑賞の席で「頼朝が原田荘西山城主の直垂《ひたたれ》に眼をとめた」という記録がある。

葛布は、山野に自生するクズの繊維を緯糸として織った布で、素朴な風合いながら絹や麻にまさる独特の光沢がある。通気性・耐水性にとみ、裃《かみしも》や乗馬袴《ばかま》に使われた。他にも土産品など、掛川宿の繁栄とともに広く珍重されるようになった。

シーボルトはよほど心魅かれたとみえて『江戸参府』の中に出来上がるまでを詳しく記している。明治に入って生活様子が一変し織元も減るが、襖《ふすま》地《じ》・壁紙・カーテン地としてアメリカでも喜ばれた。今も蹴鞠《けまり》の袴は葛布である。あの独特の掛け声の中に伝統産業が息づいている。

ただ気の遠くなるような作業工程で、すべてが正真正銘の手づくり。「早い、安い、簡単」優先の時代にそぐわぬゆ

振袖餅と馬喰だんご

えに貴重なのだ。私は帽子にしようか、薄いさくら色の日傘にしようか迷った。秋の七草をかざしてさりげなく歩くエレガンス。ブランド品にうつつをぬかすより地について遥かにリッチだ。あえていえば歴史ブランドだ。それにしても高価である（くず湯、くずの和菓子も売っている）。

藤枝を歩いていて秋葉常夜灯がよく眼にとまった。秋葉講の人たちが建てたもので、駿河から尾張にかけて多いと知った。秋葉詣でで賑わった掛川宿の西はずれ、大池橋の辺りは広重が「秋葉山遠望」を描いた場所。東海道から分かれて秋葉道へ入ると小さな神社がある。9里先にある秋葉山へ行かぬ人がここで遥拝する。弥次さん喜多さんもここで拝んでいる。

8

袋《ふくろ》井《い》

袋井宿（静岡県袋井市）　見付へ一里半（約6キロ）
人口　８４３人　　現在の最寄り駅
家数　１９５軒　　ＪＲ袋井駅
旅籠50軒・本陣3軒

五十三次の中で最も短い街並み

関ヶ原の合戦に勝利しておおむね天下を制した家康は、翌慶長6年（１６０１）江戸と京都を結ぶ東海道に宿駅を設け、伝馬制度を確立した。幕府を開く2年前である。

「伝馬朱印状」と「御伝馬之定」が下されたが、資料として確認できるのは四十数宿である。その後岡部・戸塚・袋井・石薬師・箱根・川崎、そして庄野が寛永元年（１６２４）に開設されて五十三次となった。袋井は元和2年（１６１６）で、ちょうど家康が没した年である。「次」は古代中国で「宿泊・宿舎」の意だったとか、「継立」の意だとかもいわれている。五十三については諸説がある（「庄野」参照）。

袋井宿の町並みは5町15間（約５７０メートル）で、五十三次の中では最も短い。宿場などのデータとしてよく使われるのは天保14年（１８４３）の『東海道宿村大概帳』。今の国勢調査のようなものだ。

これによれば人口８４３・戸数１９５・旅籠50・本陣3となっている。人口戸数の割りに旅籠と本陣が多い。東本陣は１０６８坪に　建坪は３２２というから立派なものだった。

利用者の少なかった袋井で、他の2軒とともに本陣経営は大変だっただろう。

袋井宿本陣跡

袋井宿宿場公園

江戸時代の旅籠事情

宿場は公用の人馬継立てに備えて一定の人足や馬を用意しておく御定めがあった。交通量の多い時には近隣の村々に応援を依頼する。この出役を助郷役、村々を助郷村といったが、どちらも略して助郷と呼ばれた。袋井の助郷も北は現在の森町、南は浅羽町・大須賀にかけて広く53カ村に及んでいた。

旅籠50軒は東海道宿の平均的数字である。当時は大名・宮家・公卿・幕府役人などの泊る本陣、これら貴人やそれに次ぐ人が利用した脇本陣、普通の旅人が泊るのが旅籠。米持参で自炊する薪代、つま

御幸橋と常夜灯

袋井宿一里塚

り木賃を払って泊る木賃宿があった。旅籠はたいてい飯盛女（遊女）がいて泊まり客の相手をしたが、平《ひら》旅籠と呼ばれる女を置かない宿が袋井宿には多かった。

　宮川重信の『新・東海道五十三次』によると、袋井宿では平旅籠の経営者が提携して、婦女子・旅人が心配なく泊まれるよう「浪花講」の看板を掲げていたのは珍しい。客引きをしない、飯盛女や酒・肴など押し売りはしない、違反があった場合は発起人に申し出れば超過分は弁償するから安心して浪花講加入の宿を利用してほしいと、チラシを配っていたそうだ。

原寸大の復元一里塚

　さて、袋井へは西から入ることになった。

　久野城を攻略した武田勢は南西に下って木原村に陣取った。家康が浜松から発した偵察隊と衝突する。三方原の戦いの前哨戦・木原畷の古戦場の碑がある。東海道沿いの許禰《こね》神社には家康が坐って思案したと伝えられる石があり、坐ってみたくなる。誰が坐ってもひじをつくと「考える人」になる。

　道をはさみ、地元民からの声で原寸大に復元された一里塚があった。大きな榎は春なかばには淡黄色の花をつけるだろう。近頃江戸の文化と精神が見直されている。私たちは現代だけでは生きられない。榎を、花を見上げて、歴史を学ぶというより感じて前向きに生きたいものだ。

　原寸大の復元一里塚は恐らくここだけではあるまいか。

東海道まん中の宿

　袋井宿は江戸から数えても京から数

袋井宿松並木

澤野医院記念館

えても27番目、まん中である。往時の面影はみられないが、東海道風物の再現をめざして取り組んでいるキャッチフレーズが「どまん中」で、至る所に見られる。袋井西小学校は「どまん中小学校」と呼ばれている。

瀟洒《しょうしゃ》な白い二階建ての澤野医院記念館。安政の大地震の翌年に再建された居宅、大正昭和に建築された洋館、病棟、レントゲン室もある立派な病院で、その後の大地震で周りがほとんど倒壊しても残った。

享保12年（1727）の『山名郡川井村差出帳』に本道（内科）医としてその名が記されており、代々地域医療を担ってきた。ここでの最後の開業医となった達寿郎の患者だったり、看護婦だったりしたシニアが世話人会をつくって守っている。

宿場の西入口辺りに本町宿場公園が設けられ、「従是袋井宿」と書かれた棒鼻や高札場など再現され、木橋風の御幸橋とともに寛政12年の秋葉灯籠が往時の雰囲気づくりに一役買っている。

他にも袋井宿場公園や、本陣の間取りを石や芝を使って再現している東本陣公園があり、歴史の風情と日常の憩いの場と融《と》けあっている。

近くの袋井中学に万葉歌碑がある。2首とも袋井ゆかりの若い防人《さきもり》の詠んだもの。防人というと東国を連想するが、この地方でも徴兵されており、島田にもその碑があった。

時々の花は咲けども何すれぞ
母とふ花の咲き出来ずけむ

2年間は母や妻とも逢えぬ九州防衛隊で、国を離れる辛さは昔も今も身にしみよう。

可睡斎　花の庭

松並木と丸凧あげ

短い宿場の東に至ると広重の「袋井出茶屋之図」をモチーフにして「東海道どまん中茶屋」がおかれて賑わっている。学芸員の永井義博さんにいろいろ教わったが、県道に出ると久野城址の森が島のように遠望できる。東海道筋では珍しく戦国時代の城郭の様子を伝えている。

松並木を過ぎると、学制発布の前年に久津部の人々の手で設立された郷学校用行義塾跡を見ながら教育の原点はこういうものだと思う。代々の広重が丸凧揚げを描いているが、遠州名物のよく似合うなだらかな袋井風景で、再びつづく松並木と土畳がよく残り、北側に遊歩道が1・5キロ整備されている。

妙日寺に残る日蓮両親の墓

妙日寺には日蓮の両親の墓がある。父の遺言でかって治めたここ貫名村に葬った。のちのちもあの強靭な日蓮は身延山からかかさず遥拝し、父母への思いを忘れなかった。

復元につとめる袋井だが、かつての賑わいの一つは遠州三山参詣への起点となる宿場だったことにある。「はったさん」と呼ばれる法多山尊永寺は、白河法皇の勅願寺だった。厄除け観音として知られ、初詣の人は県内有数だ。江戸初期の仁王門は国の重要文化財、遠州の高野山ともいわれ、数千本を誇る桜の名所でもある。

土地の人から「あぶらやま」と親しまれる医王山油山寺。眼病治療にご利益のある霊山とされる。天狗の杉や滝があり、うっそうと茂ってそういう雰

油山寺への標識

囲気がある。山門は掛川城の大手門、秋には紅葉に彩られる三重塔、どちらも国の重要文化財。

禅寺・可睡斎

万松山可睡斎は東海道に知られる禅の大道場。11代住職が今川の人質となっていた竹千代を救いだした。のちに家康に招かれた住職が居眠りをはじめた。家康が「われその親密の情を喜ぶ。和尚睡《ねむ》る可《べ》し」といったのが寺名の由来。

『枕草子』に、ちょっと抱いた児が眠ってしまうのは可愛いとあるが、一対のいい話である。

近年は牡丹や百合の溢れる花の寺だが、斎堂北の中庭にさりげなく黄色い花をつける石蕗《つわぶき》がいい。初冬の陽差しの中で、忘れていることをつぎつぎと思い出させてくれる花である。

9 見《み》付《つけ》

見付宿（静岡県磐田市） 浜松へ四里七町（約16・7キロ）
人口 3935人
家数 1029軒
旅籠56軒・本陣2軒
現在の最寄り駅 JR磐田駅

国の特別史跡・国分寺跡

この地域は古くから遠江国の中心で、奈良時代に国分寺が建立された。七重塔の礎石などがあり、国の特別史跡に指定されている。街中に5万5000平米の跡地を残しているのは全国でも珍しい。平安時代以降も国府や守護所が置かれた。磐田市北部寺谷の国指定史跡銚子塚古墳はじめ、市内には20近くの古墳がある。

戦国時代には今川・武田の勢力の折り合いをつけるという情勢もあって、一時期見付は町人による自治都市として栄えた。南に今之浦があり、水運にも恵まれていたことがこれを支えた。見付の名は「入海付き」からきたといわれる。

明治に入って東海道線が開通し、開墾のすすんだ磐田原を結ぶ物流・生産の要所となった。昭和16年、駅前の中泉が見付と合併して磐田町となって以来見付の名はなじみ薄くなり、今はサッカーの街ジュビロ磐田である。

日本一のトンボの楽園

遺跡や寺社も多いが、特筆すべきは桶ヶ谷沼。日本一のトンボの楽園である。日本に唯一のベッコウトンボはじめ67種（全県の3分の2、全国の3分の1）が確認されている。

他にカワセミ・サンコウチョウなど野鳥138種、カキツバス・カキツバタなど650種が群生している。平野

遠江国府跡

府八幡宮

部ではほとんど失われてしまった「昔ながらの沼」の自然環境をとどめ、1号線から少し入った所にある現代の奇跡といってよい。

「一度破壊された自然はとりもどせない。ルールを守って観察しよう」とアピールしながら観察施設を充実させているのには頭が下がる。

ここには空も時間も夕焼けもある。季節は空からやってくる。桶ヶ谷沼に息づいている。地球の生命を1年だとすると、人類の歴史は1秒だそうだ。人類はもっともっと謙虚でなくてはと、つくづく思う。

道の博物館

宿場の北東に「三ケ野《みかの》七つ道」と呼ばれる、300メートル四方の場所に、いわば道の博物館が見られるのは希有のことだ。奈良・平安・鎌倉の古道が

見付宿脇本陣跡

西光寺表門

200メートル現存。江戸の古道、人や物の通行量が増えて林道が切り開かれた明治の道、台地を拓いて谷を埋めたなだらかな大正の道、車社会に対応した昭和の国道1号線、平成の磐田バイパス。三ケ野橋から見付宿への山越えの間道（質道）があったが、今は不明。暮しに困り人目を忍んで質屋通いをした裏道だったという。佇んでいると、田村隆一の詩句「刻が過ぎていくのではない　人が通り過ぎていくのだ」が浮かんでくる。

　道のついでに「見付小路《しょうじ》」に触れておこう。本通りから南北に入る横道を小路と呼んでいる。良純《りょうじゅん》法親王（知恩院初代門跡）が配流の身で一時見付に住んだ時、都を懐かしんでいくつか名付けたのが起源とか。寺や神社に通じる地蔵小路、寺小路、宮小路。位置を示す西之小路、南小路など17小路、歩道に標識銘板が埋めこまれている。

女性が通った姫街道

　東海道は梅屋小路を過ぎて磐田駅の方へ左折するが、そのまま池田へ向かって直進する道がある。「遠州見付宿これより姫街道　三州御油宿まで」と道標に記されている。

　古くから池田近道と呼ばれており、東海道の脇道となった。荒波の難所今《いま》切《ぎれ》の渡しと女改めの厳しい新居の関所を避け、湖北を回る道を女性はよく通った。峠もいくつかあり楽な道ではなかったが、気賀の関所は取り調べが比較的ゆるやかだったこともある。

　中世の旧宿だった池田は謡曲で名高い熊野《ゆや》御前の郷里。遠江守平宗盛の寵

ライトアップされた見付学校

授業風景ジオラマ

愛をうけ、帰京に際して連れていかれた。才色兼備の日本三大美人の一人。

　残された母が病を得て、「いかにせむ都の花は惜しけれど馴れし東の花や散るらん」と悲しみ、やっと帰国を許された。邸内の行興寺に母と並んで墓がある。長藤は県の天然記念物。

　磐田は薄幸の美女に縁のある土地。丸子の章で触れた手越生まれの千寿前は平重衡《しげひら》と巡りあう、『平家物語』の終盤を飾る諸芸に秀でたひとときのヒロインである。重衡の刑死後尼となり菩提を弔った野箱地内（磐田駅南西3キロ）に墓があり、傾城塚といわれる。

　「千寿を考える会」がつくられ、頼朝が揃えた12人の美女について、「一に千寿、二に熊野…」とした記述の紹介など、顕彰につとめている。

鳥人幸吉をしのんで

　ライト兄弟より１００年以上早く天明年間に、世界で初めて空を飛んだ表具師がいた。人呼んで鳥人幸吉。奇行で人騒がせ、備前から所払いされて駿府へ。時計修繕や入れ歯を作りながら安倍川でも飛び、見付へ追われて晩年を過ごした。

　グライダーのような人力飛行機を考案して50ｍほどの飛行だった。良純法親王の立派な墓所のある大見寺の一隅に小さな墓があった。

　没後１５０年、故郷玉野との交流を記念して、地元の静岡産業大学による合唱供養が行われた旨の新しい卒塔婆が供えられていた。

　10歩先を行く者は変人、50歩先は狂人、１００歩先は犯罪者とされる、５

名物のあわ餅を売るお店

矢奈比売神社

歩先を行く者が世の成功者だという、阪急を築いた小林一三の言葉を学生たちは深く考え、志を持ってほしい。

現存する日本最古の洋風木造校舎

日本の郵便制度創始者で、国字改良論者として知られる前嶋密《ひそか》は、明治2年中泉奉行に任命された。失禄した士族や婦女子の職業指導と、西願寺を仮学校として漢学・英学・数学の教授をした。短期間の在任だったが、泉蔵院に仮救院を設けるなど、水害による惨状からの大規模な救済事業なども手がけた。

子どもの向学心は美しい校舎を目のあたりにした時に目覚める。最近はどの町の小中学校も一様に変りばえしない。石垣の上に聳える明治8年開校の旧見付学校の、今も白亜端正な5階建ての外観に心ときめかぬ人は少ないだろう。

旧開智学校や旧中込学校より早く、現存する日本最古の洋風木造校舎。石段を上った玄関にはエンタシス様式の飾柱が配されている。宿場町の叡知と、依嘱された名古屋の堂宮棟梁伊藤平右衛門の名はとどめたい。

三方原の戦いで敗送した家康の窮地を救った「伝酒井太鼓」が、登校の合図や正午の時報を告げていた。明治の学校の様子がしのばれるこの教育資料館で、8月には市内の小学生が着物姿で当時の授業風景を再現する。

ともに国史跡に指定されている磐田文庫は、淡海国玉神社の神官大久保忠尚が私塾を発展させ、有志を募って建てた江戸末期の公共図書館。大久保門下生が見付学校建設をはじめ、地元に尽力している。

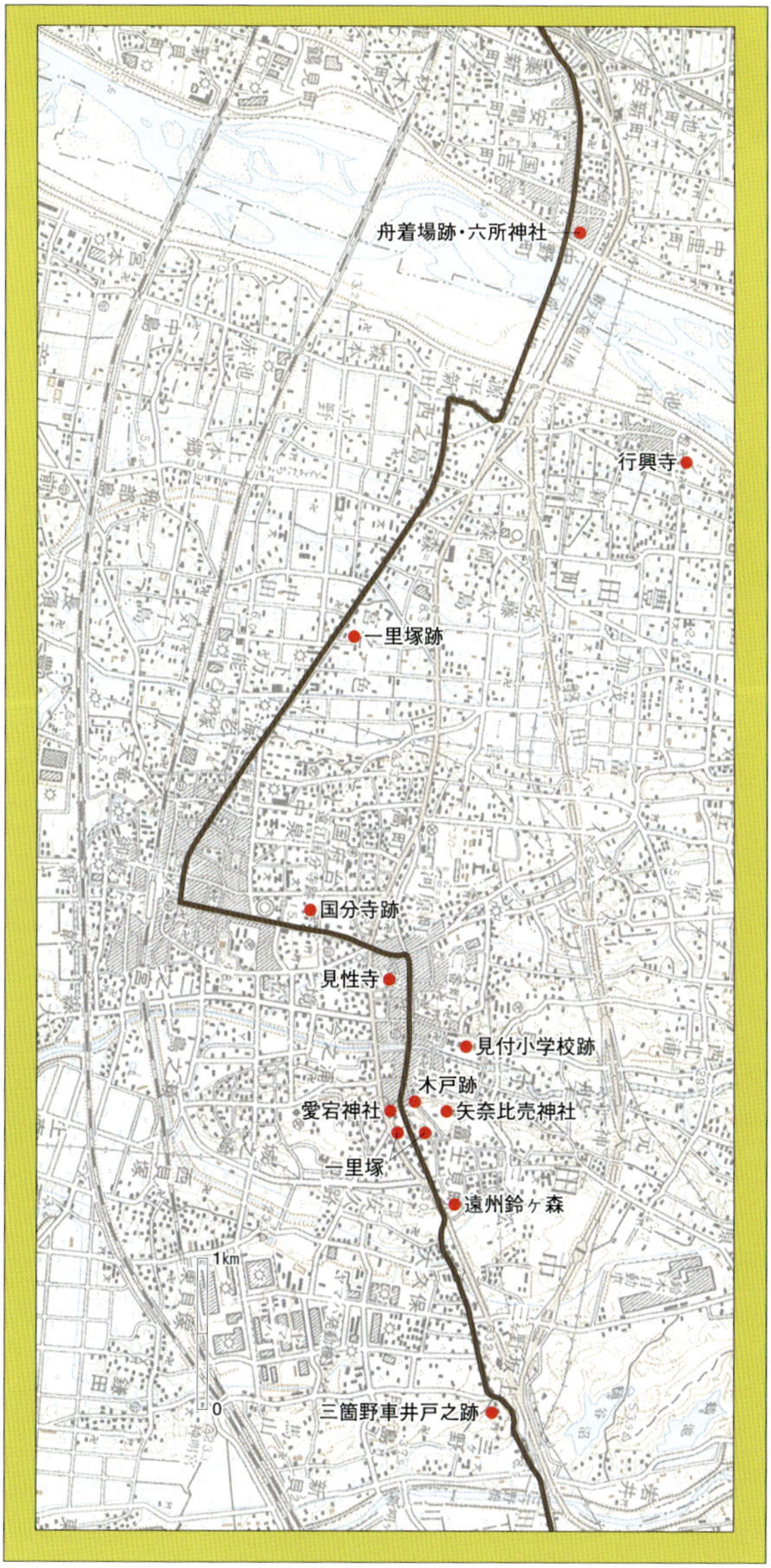

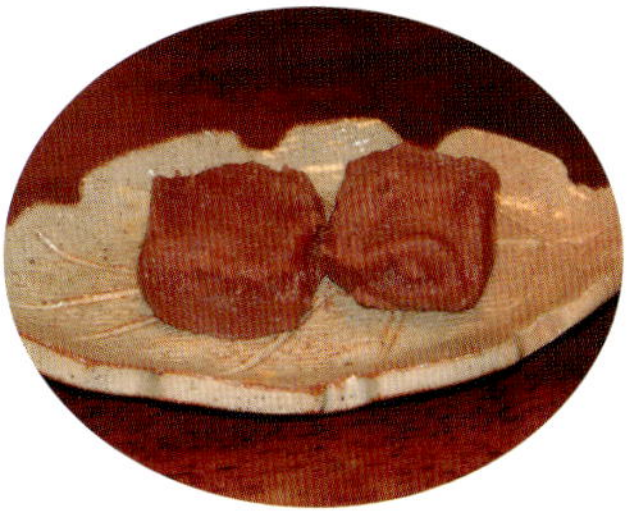
あわ餅

天下の奇祭・鬼踊り

矢奈比売《ひめ》神社の創建は古く、『続日本後記』にも載っている。太宰府天満宮より天神を勧請し、東海に名高い見付天神といわれる。昔、毎年人身御供を求められて泣かさていたが、旅の雲水が難行の末信州から探してきた猛犬早太郎が妖怪を退治した。

里人の歓喜にちなんだ鬼踊りなど、スケールの大きい裸祭りは天下の奇祭、国指定重要無形文化財とされている。鳥居脇に悉平《しっぺい》太郎の像が、つつじ公園の一画には霊犬神社もある。

愛宕山から鳥居越しに見える海道の風情――家並み、松並木、一里塚。昔に思いをはせる絶好の場所である。

10

浜《はま》松《まつ》

浜松宿（静岡県浜松市） 舞坂へ二里半十二町（約11キロ）
人口 5964人
家数 1622軒 現在の最寄り駅
旅籠94軒・本陣6軒 JR浜松駅

「あばれ天竜」と恐れられた難所

今は立派な橋が2本並んでいるが、かつては「あばれ天竜」と恐れられた道中の難所。氾濫のたびに両岸の村々のこうむる被害は惨状を極めた。船着場跡は橋より少し北で、「玉座跡」「船橋之跡」と二つ碑が建っていた。

海道へもどって西へ向かうと黒塀越しに見事な枝をひろげる松が見えてくる。これぞ「あばれ天竜」の治水事業に生涯をかけた金原明善の生家である。私財を用意してやっと明治政府の許可を得た堤防工事会社を発足させて、その間造林事業もすすめ20年以上かけて完成した。道を隔てた記念館の展示品から伝わってくる明治人の気概に頭が下がる。更生保護制度の先覚者でもあり、明治21年国内初の更生保護施設を設立した。市役所内に胸像がある。

本坂越え姫街道への入り口は三つある。一つは見付からだったが、安間町で右（北）折するのが二つ目。さらに市の中心部連尺の交差点から東海道は左（南）折するが姫街道は直（西）進。

浜松は自動車やオートバイ・楽器・織物の3大産業を中心に、活気ある中堅都市として発展しており、宿場の面影をたどるのは難しい。

植松町に入ると蒲《がま》神社の鳥居がある。社は数百メートル北の方だが、祀られているのは頼朝の異母弟蒲冠者範頼で、母は池田の遊女。石薬師宿の蒲

浜松城跡から市内方向を望む

野面積みの天守石垣

桜のところで詳しく記した。

海道を北へ1キロ行った所に「浜松名称起源颯々之松《さざんざ》」の碑と松の木がある。足利将軍義教がこの辺りで催した酒宴で、「浜松の音はざざんざ」と唄った。

この地は古く引間（曳馬）といい、万葉集に出てくる「引馬野」を三方原辺とする説もある。将軍の唄ったこの一節から、以来浜松といわれるようになったという。遠州灘までは遠いのだが、松風の響きが浜の松、波の音と、将軍の心に連想幻聴を呼びおこしたのかもしれない。松はむろん新しく植えられた何代目かのものだ。

家康と浜松

戦国時代、今川・織田・武田・徳川の群雄割拠といえば聞こえは

金原明善生家と東海道

佐藤本陣跡

いいが、血なまぐさい権力争いだ。いつの世も民衆は戦を望んだことはない。天下泰平・万民安泰などと掲げられるが、権力者の面子《めんつ》と欲望のメタモルフォーゼであることが多い。

　浜松でいえば主役は家康である。岡崎城は長男信康に任せ、今川方の中世城郭引間を攻めた。美濃岩村と同じくここも女城主だった。

　夫飯尾豊前守の跡を継いだお田鶴の方は最後まで戦ったが、18人の侍女とともに命はてた。母同士が義理の姉妹だった家康の正妻築山御前が、その死を悼んで討死の場所に百余株の椿を植えたという。今は祠《ほこら》を残すのみの椿姫観音（元浜町）だが、地元の人が花など供えたり掃除をしたりしてお守りしている。

　椿姫といわれていたのか、その後に椿姫と呼ばれるようになったのかは定かでない。その築山御前がのちに、信長・家康の軍略という名の野望、男の論理で非業の運命にあうところとなる。戦国の世の女人哀史は尽きない。

　家康は引間城を拡張する形で浜松城を築き、遠州統治の拠点とした。昭和33年に天守閣が建てられたが、江戸時代を通じて天守台があっただけである。

　引馬城跡には明治19年に東照宮が創建され、家康を祭神としている。浜松城は「家康の出世城」といわれるが、20代の後半からの17年間はいくたびかの戦いに明け暮れ、わけても三方原では生涯最大の敗北を喫している。浜松城へ敗走する途中、塩売りの蓑笠を借りて追手の眼をあざむいたとも伝えられる。家康は生涯を通じて何度も命拾いをしている。

　家康が府中へ移ったあとの城主が、小藩ながら多く幕府の老中職に就いたという点では藤枝の田中城と似ており、家康というより「ポスト家康の出世城」

二つ御堂

という方がふさわしいかもしれない。

関ヶ原の合戦前、石田三成をめぐって複雑な動きを見せていた諸大名を巧みに掌握していく。伏見城から会津攻めに向かう途中、浜松・掛川・駿府の城主を引き寄せる。かつて浜松城時代のさまざまな辛い経験を通して培われた先見性と忍の政治力、外交感覚が活かされる。

「若林二つ御堂」悲話

浜松・箱根は本陣が6軒と最多を数える。昔大手門のあった連尺町から東海道は南に折れ、高札場跡につづいて杉浦・川口・梅屋の本陣跡がある。宿場の中心だった市街地は90パーセントが空襲や艦砲射撃を受けており、跡地を示す標識・説明板のみの場所が多い。

本陣は休憩にも利用されるが、杉浦家に残る『御来陣日記』によれば、初期の利用は年に30回そこそこだったが、慶安になると100回を超える年もあるとのこと。参勤交代はもとより往来の盛況ぶりがうかがわれる。

東若林に住んでいる古い友人にかねて聞いていた二つの御堂を案内してもらった。『東海道名所図会』に出ている「若林二つ堂」である。

時は平安末期のこと、奥州平泉の藤原秀衡が京で病に倒れたと聞き側室は急ぎ上洛、この地に来てすでに亡くなったと知った。御堂を建て阿弥陀如来を安置するが、まもなく自身もここで没する。実はそれは誤報で、回復した秀衡《ひでひら》が帰国の途中ここで話を聞いた。愛妾への追悼と全快への感謝をこめて道の南側に堂を建て、恵心僧都作の薬師如来を祀ったという。

学生の頃時代離れしたロマンチックな詩を書いていた彼だったが、子ども

馬込橋と東海道とアクトシティ

県居神社

の頃から地元の純愛物語を聞いていたそうだ。どちらも昭和に入って新改築されている。市博物館の斉藤新さんによると、今祀られている本尊は非公開で、当時のものであるかどうか確認されていない。

賀茂真渕ゆかりの神社

　私たちが万葉集を教わった先生は賀茂真渕の養子先の子孫だった。少し戻って西に入り、ゆかりの神社と記念館へ回った（『名所図会』にいう賀茂の祠《やしろ》）。近くには真渕を分祀した県居《あがたい》神社もある。政治・経済優先の時代からは忘れられた趣の時空で、訪れる人とて少なかった。

　真渕は歌人で国学の大成者、万葉集や源氏物語の画期的な研究をした。日本の文化遺産の解明伝達者だ。田舎住まいの意で自らを県居と号した。本家は代々賀茂神社の神職を務めた。ノーベル賞を受けた人は大騒ぎされるが、真渕も分野は異にするとも「学ぶ」志と創意情熱は同じである。「秀れたものへの尊敬」の念は次代へ伝えたい。記念館を見ながらそんな思いを強くした。

　神社の高台を下りると、モダンな生誕地碑があった。真渕のレリーフや著書名・代表作5首が刻まれている。

太刀洗の池と築山御前

　海道から離れて佐鳴湖の近くに太刀洗の池跡がある。

　正妻築山御前が武田家に内通しているとして、信長は家康に処分を命ずる。逆らえぬ立場にいた家康は長男信

人通りの多い田町交差点から連尺交差点方向を望む

康は執居させ、築山を岡崎から浜松へ呼んだ。姫街道から湖を渡る彼女を、東岸の小藪に待ち伏せていたのは家康の送った刺客だった。血のついた太刀を洗った池と伝えられる。信長の娘を妻としていた信康だが、二俣城で自害させられる。やり切れない話である。

英傑とは英傑が決してしてはならないことを、英傑でなければできないやり方でする人間のことか。

藤の名所でもある西来院《せいらい》（広沢町）には悲劇の女の廟所がある。

11

舞《まい》坂《さか》

舞坂宿（静岡県舞阪町）　新居へ一里半（約6キロ）
人口　2475人
家数　541軒　　現在の最寄り駅　JR舞阪駅
旅籠28軒・本陣2軒

知られざる歴史遺産・中村家住宅

JR東海道線で舞阪駅に降りたのは初めてだ。子どもの頃から数えてずいぶん駅は増えたが、これで宮（熱田）から浜松までどの駅にも降りたことになる。

ふと、ニューヨーク在住の前衛画家河原温の「百万年シリーズ」を想起した。過去百万年をさかのぼって年号を数字と記号で各頁にぎっしり並べた作品は、人類史上初めて時間を空間に捕捉した厳粛な画家として評価されている。未来篇百万年もある。現在を軸として過去へ未来へ、刻の眩暈《めまい》の中で東海道400年なんて点である。

ホームから外へ出て振りむくと、色も形もモダンな大きな駅舎に驚いた。とまどいを振りはらって舞阪1号のシャッターを切った。駅の所在地は浜松市馬郡《まんごおり》町。明治21年にできた時の駅名は「馬郡ステイション」、全線開通した翌年に宿名をとって「舞阪」となった。

実は駅構内の案内板に「国指定重要文化財中村家住宅」の1行があった。すぐ隣りの雄踏《ゆうとう》町なので何となく寄ってみたくなり、車を拾う前に役場の電話を調べた。

係の人が申し訳なさそうに、修理中で7月から公開の予定だという。しおりがあったら送ってもらうよう頼むと、翌日届いてびっくりした。

天正2年に家康の第2子を側室お万

舞阪北雁木の常夜灯

弁天島

がここで出産している。3000平米の屋敷に広大な母屋を中心に見事に配置された、まれにみる武家屋敷だ。平安末年生まれの初代からつづく、由緒ある中村家の知られざる歴史遺産として記しておきたい。

東西二つの徳本寺

歩き出すと庭先に1本夏みかんのある家が目につく。東海道に出て松並木を背にして東へ進むと春日神社。

水の涸れた小さな池に「水神」の碑が、本殿前左右には鹿の像が建っていた。

その先に二つ徳本寺がある。西徳本寺で話を聞き解ったことが多い。入口に二つ碑が建っている。「海中出現釈迦牟尼仏安置」と日蓮宗ひげ文字の「南無妙法蓮華経」。鎌倉時代に漁師の網にかかった観音像を村人がお堂を建

岐佐神社本殿横の赤石

舞坂宿松並木

てて祀ってきた。

永徳元年（１３８１）その堂に泊った日朝上人が観音でなく釈迦如来だと知り、里人の浄財で寺を建立した。境内の二坊がのちに東西二寺となった。涅槃会《ねはんえ》と花祭りに開帳される。

東徳本寺の寺伝によると山門は遠州灘で遭難した千石船の木材を利用して建てられたものという。春日神社も同じ永徳元年、日朝上人が神仏深理を村人に悟して創建している。神仏習合の証となる。

馬郡観音堂（大悲院）は堂が崩れて中にあった定朝作の観音像と６００巻大般若経巻は如意寺に引きとられている。江戸から上方へ商買にいく人がここで願かけをして叶い、お礼に納めたものという。６００巻現存しているのは珍しいのではないか。観音堂は如意寺の飛び地寺領だった。

引き返して遠く松並木の緑とコントラストよく夏みかんのたわわになっている家が眼に入った。輪切りにして庭先の枝にかけてある。ホウジロ、ムク、ヒヨがよくついばむそうだ。「……でも梅やボケが咲くとホウジロは来ないよ。よく知ってるねえ」とのことだった。手の届くところになっているのを二つもらった。この辺りは東海道が県道になっていて車も多い。

海道一の松並木

松並木は慶長9年（１６０４）幕府の命により街道を整備して黒松を植えたのに始まる。

夏には旅人に木陰をつくり、冬には風よけ雪よけの役割も果たした。馬郡境から宿の東端まで8町40間（約９２０メートル）、道の両側の土堤に１４２０本あったという。台風で倒れたり枯れたりすると、捕植されもしたが次

見付石垣

海産物を売るお店

第に減り、昭和13年国道付換えの際、堤を崩して両側に歩道をつけて今の姿になった。

小田原・三島の杉並木も有名だが、松並木としては現在公称舞阪は７００メートル／３３０本、御油は６００メートル２７１本としている。

ほんとうのところどちらが長いか測ってやろうと思った。昔は大八車などの車輪の回転数から出したが、せっかくだから歩道でなく正真正銘東海道を、伊能忠敬にならって歩いた。１０１７歩だった。

南側に広重五十三次の銅板が石にはめこまれ、松並木を歩けば江戸から京へ旅したことになる。舞坂の「今切真景」は格別に大きく扱われている。北側には十二支の動物を型どった石が並ぶ。

例えば「寅　寅の刻　午前三時より午前五時まで　寅　三月　東北東」と刻まれている。二抱えほどの巨木もあるが、大きく傾いた木が多い。南一帯が遠州灘、西と北は浜名湖という地形から強風が想像される。松並木の中ほどにバス停や信号があり、東海道の現在を体感する。

１号線と出合う手前で浪小僧が太鼓を叩いている。地引網にかかった小僧が海に返された恩返しで、荒れる時には太鼓で知らせてくれる。天気の変わる時には波音が高いという遠州七不思議伝説である。

西徳本寺の釈迦像を守ってきた話ともども、漁村ならではの、庶民の暮らしと結びついた質朴切実な話である。

宿の入口に見付石垣が小規模だが残っている。見付とは城郭の外門の俗称、見張番所があり六尺棒を持った番

舞坂宿脇本陣

人が人馬出入りの監視や治安の維持にあたった。

　岐佐神社本殿の横にある赤石は、『古事記』によれば大国主命に致命傷を与える。それを救ったのがここの祭神である。明応7年（1498）の地震と津波で湖口が切れて淡水湖が入海となり、今切《いまぎれ》と呼ばれた。水中に没した集落もあり、見渡す限りの砂丘。柳の古木の根元に岐佐神社の祠を見つけた村人は今の地に社殿を建立した。

東海道唯一の脇本陣遺構

　東海道の宿駅では唯一の脇本陣の遺構がある。

　脇本陣は普段は旅籠を営むが、本陣の利用が重なったり、参勤交代などで宿泊客が多い時に本陣の代行をした。明治に入ってからも旅館を営んだので壊されなかったとか。42年から10年役場として使われたあと、医院となり母屋は改築されたが、奥の書院棟は天保9年（1838）の建築で、上段の間や客間、うるし塗りの湯殿や厠《かわや》など立派に復元され、当時の様子を知ることができる。

　向かいに相本陣があった。あまり聞かぬ名称だが、『本陣の研究』では臨時的な本陣と説明されている。文久年間の宿絵図では御本陣と相本陣との間に百姓の家がある。両側に20軒並ぶ旅籠街である。

　道がその先で浜名湖に突きあたるとぱっと開けて現代になる。湖の中に弁天神社の朱鳥居が見え、浜名バイパスが南の天空を割き、風景をデザインする。ここ今切から船で新居へ渡った昔を想像できない。

山頭火の句碑

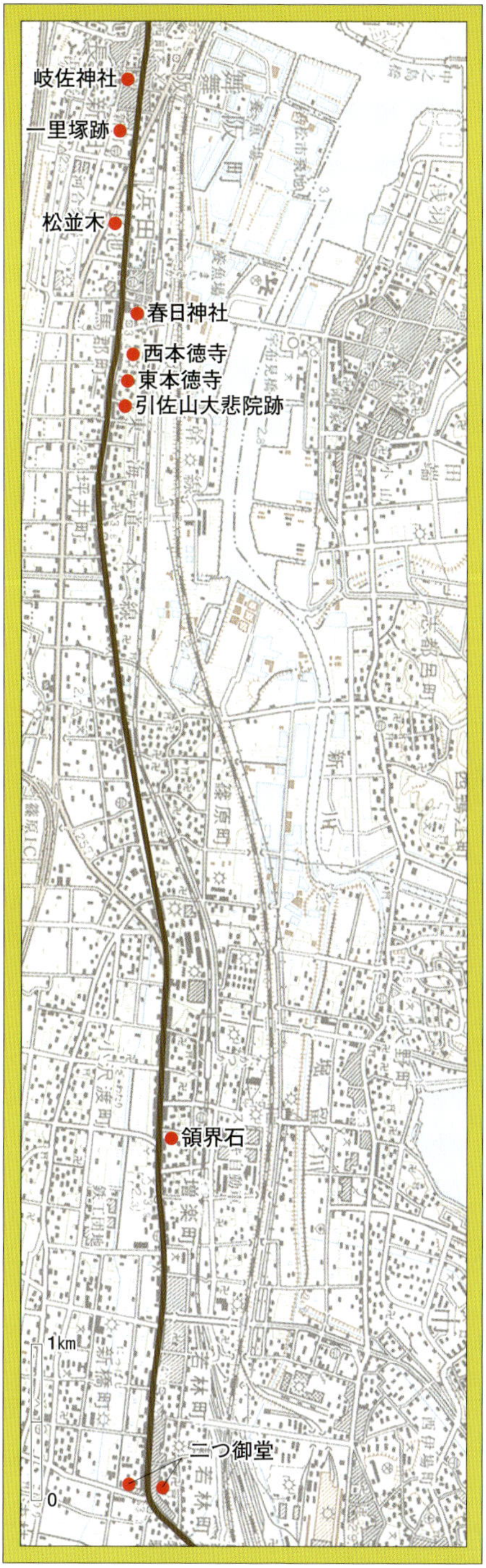

脇本陣展示物

往還から水際まで石畳の坂をなす船着場を雁木《がんげ》といった。今に残る北雁木は諸侯用、中（本）は武家用、南は庶民と荷物用。一番は午前4時頃、最終船は午後4時頃だった。中雁木跡の立派な常夜燈を含め、短い宿内に3基もある。文化6年（1809）に宿の大半を焼く大火事のあと建てられた。湖と海からの風が強いので防火意識は高かった。

湖畔沿いの道は弁天神社前で1号線に出る。湖上の朱鳥居の見える所に弁天島で詠んだ山頭火の句碑がある。山頭火は広重の五十三次に感銘し、東海道を3回歩いている。

春の海の　どこからともなく
漕いでくる

12

新《あら》居《い》

新居宿（静岡県新居町）　白須賀へ一里二四町
人口　３４７４人　（約６・４キロ）
家数　７９７軒　現在の最寄り駅
旅籠26軒・本陣３軒　ＪＲ新居町駅

海道の要所・新居関

ＪＲ駅のすぐ西、ここにも山頭火の句碑「水のまんなかの道がまっすぐ」がある。

浜名湖はかつて遠淡海《とおつおうみ》（遠江）といわれる淡水湖だったが、明応7年（１４９８）の大地震で陸が切れて海とつながってしまった。今切《いまぎれ》と呼ばれるようになり、舞坂から新居まで船で1里半渡るしかなかった。

数万本の杭を打ち並べて防波堤が造られ、うち寄せる砂でできたのが弁天島の起源。史料館の資料によると、今川氏領有時代渡船場に関銭（通行税）を徴収する関所が置かれていた。織豊政権時代には一時廃止されたが、慶長5年（１６００）関ヶ原の戦いの後、江戸の防衛上再び関所が設けられた。

『東海道中膝栗毛』に面白い場面がある。弥次北の乗り合わせた船で蛇使いの蛇が逃げて大騒ぎとなる。北八が脇差しで押さて水中に放りだす時、手をすべらせ、さやごと投げ捨ててしまった。蛇は逃げて見えなくなったが、中身は銀紙張りの竹光だったので波にゆらゆら大笑い。商買道具を失った蛇使いに「この歳になるまで脇差しの流れるのをはじめて見た」と皮肉られ、北八の面目はまるつぶれ。やがて船は関所前へ着く。

正式には今切関所という。

大地震や津波で二度移転を余儀なくされている。最初の場所は現在大元屋敷跡と呼ばれ、昔をしのぶ小さな公園

新居関所跡

新居関所

になっている。大津波のため元禄14年（1701）に少し西の中屋敷に、つづいて宝永4年（1708）現在の場に移るのだが、移転されるまでは東海道はまっすぐ西へのびていた。中屋敷跡をタクシーの運転手と一緒に探したが見つからない。近くにあった堂頭の松と呼ばれる古木は、往時今切航路の標識だっただろうが、学校や住宅が立ち並びこの辺りが岬だったことは想像もできない。

現存する唯一の関所

渡船場は常に関所構内に設けられていた。業務はすべて新居側が仕切っており、他の宿同様に人馬継立ての負担にあえいでいた新居にとっては貴重な財源だった。江戸中期以降舞坂宿が渡船業務への参画を申し出ているが、新居側は（天正2年の）家康の定書を示

橋本の風炉の井跡

舟囲い場跡

して利権を独占してきた。

現在地に移されて150年ほどした嘉永7年（1854）の大地震で大破し、翌年改築されてさらに昭和45年に解体修理されたものが現在の建物である。

全国の街道に53あった関所のうち現存するのは唯一ここだけで、国の特別史跡に指定されている。構内にあった渡船場は大正以降の埋立てによりその面影はとどめていないが、平成14年に一部復元されている。

関所が開いていたのは明け六ツから暮れ六ツまでとされていた。普通6時頃といわれているが、実は季節によって違う。明け方戸外で掌の太い筋が見てくる時刻を明け六ツといい、夕方それが見えなくなる頃を暮れ六ツとしたようである。ちょうど通行人の相貌風体が見分けられる頃合だっただろう。

庶民の旅に必要だった往来手形（身分証明書）は檀那寺から発行された。身分を問わず必要な関所手形は、村方なら名主《なぬし》、町方なら大家《おおや》から出されるのが普通だった。

「入り鉄砲出女」の悲劇

特に厳しかったのはいわゆる「入り鉄砲出女」で、細かい規則があった。謀反を起こす武器の流入と幕府の人質とされた諸大名の妻子の国許への帰国を監視したのだ。

疋田本陣跡

飯田武兵衛本陣跡

鉄砲手形の発給者は老中。女手形は幕府留守居・京都所司代のほか、女の出身地によって大阪・駿府・奈良などの町奉行や藩主が分掌していた。人見女（改め婆）による本人確認（手形との照合）は、髪をふりほどき、黒子《ほくろ》一つ探すのに前を開いたり、尼に仮装していないかと乳房の有無を調べたり。箱根より厳しかった。その時婆の袖の中へ銭を入れると手加減されることもあったらしい。

公家・大名などの身分の高い女性は役人が正装して本陣へ出向き、本陣当主の母か妻が改女の役割を担当した。

関所の前庭にある太祇の句碑「木戸しまる音やあら井の浜千鳥」は、海辺の関所の情景と刻の移ろいをよく伝えている。

新居関所の凄まじさを物語る話を二つ紹介しておこう。

讃岐《さぬき》丸亀藩士の娘井上通女が江戸屋敷へ奉行に行った22歳の時のこと。少女の着る脇のあいた振り袖姿だったので、手形には「小女」とすべきところを「女」とだけ書いてあったのをとがめられた。手形を発給された大阪まで人をつかわして再発行してもらった。7日ほど空しく新居にとどまった心情を詠んだ「旅衣あらいの関を越えかねて袖によるなみ身をうらみつつ」は、大元屋敷跡の公園に碑となっている。通女は『古今序考』『東海紀行』なども書いている歌人である。

武家の中間《ちゅうげん》だった与七が女を連れて安房国へ帰る時、女に手形がなかったので関所を避けて二川宿から湖北の山越えをした。安房で発覚して与七は牢内で死ぬが埋葬されず、塩漬けにして新居近くの松山村まで運ばれて磔《はりつけ》に

手筒花火

紀伊国屋・旅籠資料館

された。何たる見せしめか。俗に江戸時代２７０年の泰平といわれるが、その裏側の残酷史にはやりきれない思いがする。

　ちなみに女性は奴《やっこ》（一生下女）となる。奴が女の最高刑で、もらい受け手がなければ入牢しなければならなかった。関所の隣りの史料館には数々の貴重な資料が並んでいる。

諏訪神社の手筒花火

　吉良邸討入りに際して、赤穂浪士が江戸へ潜入した元禄15年（１７０２）以後、新居関所の再編強化のため幕府の直轄から隣接する吉田藩の管轄となった。その後宝永４年（１７０７）の地震で宿場は壊滅し、関所はじめ町全体が移転することとなった。

　民心も少しずつ落ちつきを取りもどし天下泰平を願って諏訪神社の奉納花火が行われる。吉田が発祥の地で吉田神社の神事とされてきた手筒花火が新居に入り、庶民の野性味が加わって勇壮な諏訪神社の祭りとなって今もつづいている。

紀伊国屋・旅籠資料館

　紀伊国屋は徳川御三家紀州藩の御用宿を務めた縁で、正徳６年（１７１６）その屋号を許された。明治７年の大火で焼失し、建て替えられて昭和24年まで営業をつづけた。

　平成13年に再生された旅籠資料館によれば、今切渡船の舟割宿として認定され、船の手配もしていたようだ（通行手形も女将の吟味で通ったという）。

　講については袋井宿で触れたが、土間に入ると浪花講の大看板が眼にとま

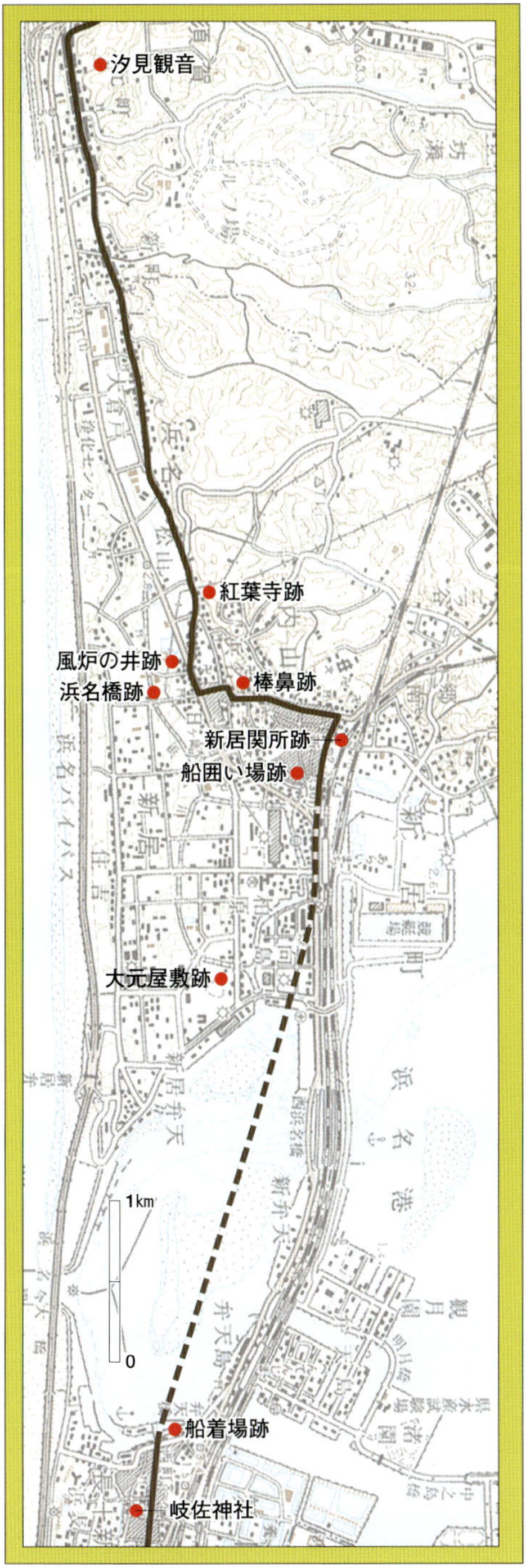

る。上に日の丸、右左に大と阪の文字が入った５本骨扇の商標が付いている。文化元年（１８０４）に大阪の松屋甚四郎と江戸の鍋屋甚八が購元となり、安心して泊まれる旅籠の連盟を作った。旅人はその看板を見つけて木札を提示すればよい。その分路銀を持たずにすむ。プリペイドカードだ。

棒鼻跡を過ぎた家並の後ろ一帯が歌枕の高師山。

南に出はずれた辺りにあった浜名橋から、『十六夜日記』の阿仏尼がカモメ飛びかうのを眺めた鎌倉時代。源頼朝が上洛の折泊まった橋本の宿で茶の湯に汲んだとされる風炉の井、水は涸れていたが、昔はもっと深かっただろう。

13

白《しろ》須《す》賀《か》

白須賀宿（静岡県湖西市）　二川へ一里一七町
人口　2704人　（約5・7キロ）
家数　613軒　現在の最寄り駅
旅籠27軒・本陣1軒　JR新居町駅

白砂青松の地

白い砂州の上に開かれた集落というイメージから白須賀とされ、鎌倉時代から和歌や文書に出てくる。宝永4年（1707）の地震と大津波で宿場は全滅に近い被害をうけ、潮見坂の台地天伯原に移ることとなった。

偶然同じ町名の豊橋天伯町に会社を営む大竹勝彦さんと、湖西市の遠州灘沿いに東の方から東海道に入った。彼は歴史と文学に造詣が深いので、ハンドルの持てない身には願ってもないパートナーだ。四輪のお駕籠に乗せてもらっての白須賀入り、腰の物とてないが剣より強いペンの力を発揮しなくてはといいきかせた。

火鎮《ほずめ》神社の前に海抜7・2メートルの標示がある。少し行くと郷社神明社、どちらも石段の上に社が建っている。

ひとたび遠州灘の波が牙をむけば、人間の世界などひとたまりもない。「自然にやさしい」とは流行語だが、不遜ないい草だと思う。「やさしい」とは強い者が弱い者を思いやる言葉である。地球がちょっと肩こりをほぐすだけで大地震になる。自然への畏怖の念と恩恵を忘れずに「自然に感謝して」日々暮らすべきである。

網で引き揚げられた観音さま

かっての宿場跡の元町から少し山手に入った所に蔵法寺がある。平安初期

潮見坂から遠州灘方向を望む

蔵法寺山門

からの真言宗だったが、今川の人質として運ばれてきた竹千代がこの寺で休息したと伝承されている。

のち慶長3年（1598）宗眠によって曹洞宗の寺として開山されるが、先の縁で8年に家康の御朱印状とともに23万石が下賜され、寺を将軍の休憩所と定めた。将軍家代替わりのたびに住職は江戸に赴いて新しい朱印状を拝受してくる、「蔵」の金字の入った10万石大名級の駕籠が残っていた。

漁師の網で引き揚げられた小さな木造の観世音が祀られている。海上を行き交う舟は帆を下げてこの潮見坂観音に安全を祈って過ぎ、「帆下げ観音」ともいわれた。

白須賀は小さな宿場で、素通りする大名が多かったが、岡山の池田綱政は観音信仰に厚く、道中観音を本尊とする寺には参詣し、白須賀にもよく泊まった。宝永4年のこと、夢枕に立たれ

海道にのこる曲尺手

火鎮神社

たお告げに従い、夜半に本陣を早発ちした。一行が潮見坂を登った頃、突如遠州灘一円を大災害が襲った。帰国後綱政は城内に潮見坂観音のご分身を祀り、今は池田牧場内に移されている。

　綱政がお礼とした黄金灯籠を、間違えて三河の寺へ届けてしまった家臣の一人は切腹させられた。話を聞きながら、山門越しに広がる海を眺める。これを横切るバイパスの往来がはげしい。

　潮見坂は左右の丘陵の切り通しである。振り返ると、V字型に開けた風景の先に海原が広がる。広重の描いたとおりだが、絵にあった松が昭和50年代に枯れてしまったのは念を残す。「自然は芸術を模倣する」とワイルドがいったように、いずれ帆も松も備わるだろう。

　江戸へ向かう旅人もこの絶景に息をのんだに違いない。潮見坂は初めて富士を目にする場所として和歌や道中記などに見られる。ケンペルの『江戸参府紀行』にも「世界のもっとも美しい山を仰ぎ見て」とある。

資料館「おんやど白須賀」

宿駅開設４００年を記念して見晴台の手前に「おんやど白須賀」が建てられた。海辺の元屋敷跡の発掘調査で明らかになった大津波以前の宿村の様子がよくわかる。

　事なき日々は半農半漁の平和な村々だったろう。今日から遠メガネで見る江戸時代の暮らしと幸福について館内で考える。勝ち負けだけで割り切れない郷愁という情感も大切にしたい。

　坂を過ぎると白須賀宿に入り、曲尺《かね》手《て》（枡形）に出る。大工などが使ったL字型の物差を曲尺《かねじゃく》という。軍事的役割も担ったが、大名行列の鉢合わせを避けるはたらきもした。格の低い大名

各家にかかる屋号札

白須賀宿本陣跡

が駕籠から降りて挨拶をするしきたりがあった。行列の見えない曲尺手の先へ斥候を出して、かち合いそうな時は休憩を装って近くの寺に待機し、主君を駕籠から降ろす失態を回避した。

秀吉にちなむ勝和餅

本陣・脇本陣の跡の標柱は小さくて見過ごしてしまう。向かいに秀吉にちなんだ勝和餅を売る和田屋があった。通りには紅葉屋・近江屋・吉文字屋・扇屋…と、昔の屋号を書いた木札を掲げている家がいくつある。

酒小とあるこの地の酒造家が夏目甕麿《みかまろ》の屋敷で、長男諸平《もろへい》生誕の地。甕麿は宿場の名主も務め、本居宣長の門人でもあった。『吉野の若葉』『萩園歌集』など著した。

諸平は幼くして紀州の本居大平の許に寄遇、藩医加納家の養子となった。藩の国学所総裁を務め、『当代類題和歌選集』など編著も多い国学者親子である。連子《れんじ》窓や格子戸などを残した古い民家が並ぶ和やかな道筋で、時代から忘れられたような東海道の証人である。

宿場が坂上に移って津波の心配はなくなったが、強い西風の吹く冬場に火が出ると、わらぶき屋根は多く類焼した。

安永の大火のあと名主の夏目甕麿の発案で宿内に3地点・6場所に間口2間・奥行4間半の火防地を設け、火に強い槇を十数本植えた。近江屋と書かれた家の横と向かい側に数本ずつ残っている。

火防の槙

潮見坂への街道

神明社前の案内地図にあった「おらんとうさま」とは何だろうと気になっており、私は道ゆく中学生に、大竹さんは畑仕事をしている夫婦に尋ねたが、わからない。「田舎の焼き場のことを『むしょ』（無常所）とか、墓地のことを『卵頭場』とかいうって、何かで読んだような気がする」と、大竹さんがつぶやいた。宿題が残った。

十王堂と庚申堂

宿の東南と北西に海道から少し入って十王堂と庚申堂がある。ここの十王堂は忘れられたように取り残されているが、本堂らしい建物の中には閻魔《えんま》大王と脇に十王が祀られている。

死後少しでもいい裁きをうけたいと畏れながら願う信仰は各地にあり、藤川宿には海道沿いに十王堂が残っている。宿はずれにある庚申堂は三遠地方ではもっとも大きいとされている。60日ごとの庚申《かのえさる》の日の夜は精進潔斎して寝ずに過ごす。平安時代に伝わり江戸時代に盛んだった民間信仰である。

正面左右に「見ざる・聞かざる・言わざる」の3像があり、他にも猿のような狸のようなユーモラスな4体が並んでいる。いかつい鬼瓦が目をひく本堂には本尊の青面《しょうめん》金剛童子の像が祀られていた。

文化財の寺・本興寺

JR鷲津駅近くの本興寺は一見の価値がある。

古く三河・遠州の豪族や城主が寺の聖人に帰依、家康から10万石御朱印地として遇された。国宝の法華経絵曼荼

羅・紺紙金文字法華経はじめ、重文の本堂・惣門・二つの書院を結ぶ遠州流庭園、そのたたずまいに魅せられた北原白秋の歌碑がある。

谷文晁《ぶんちょう》の壁画や襖絵も多く、文晁寺とも呼ばれる。三方山に囲まれた2万6000坪の寺域は四季の自然にも恵まれている。

寺の南西に豊田佐吉記念館がある。佐吉が幕末最後の慶応3年に生まれた家（再現）は江戸後期の農家の典型、父に隠れて研究をつづけた納屋もある。

大英博物館には佐吉の発明した「G型自動織機」が展示されているが、この特許権をベースに、豊田自動織機の中からやがてトヨタ自動車に発展していく。

浜名湖や富士も眺められる公園になっており、「障子を開けてみよ　外は広いぞ」といった佐吉の発明への情熱と志が伝わってくる公園だった。

14

二《ふた》川《がわ》

二川宿（愛知県豊橋市）　吉田へ一里半二町（約6キロ）
人口　1468人
家数　328軒　現在の最寄り駅
旅籠38軒・本陣1軒　JR二川駅

「猿ヶ馬場の勝和餅」

広重は「二川　猿ヶ馬場」として画面に柏餅を売る茶店を描いた。東海道名物の一つだが、ここは二川というより白須賀の加宿だった境の立場である。秀吉が小田原攻めの途中休んだ茶店で、婆さんが蘇鉄のあんを入れた勝和餅を出した。縁起がいいのを喜んで猿に似た婆さんにほうびを与え、「猿ヶ馬場の勝和餅」と呼ぶよう申しつけたと伝えられる。

梅田川を越え東海道本線を渡ると二川宿に入る。一里塚跡を見ていくと十王院と並んで妙泉寺がある。「ほうろく灸《きゅう》の加持」が土用丑の日に催される。暑気払いと子どもの虫封じで信仰されている。

その先に二川八幡神社の鳥居が見えてくる。鎌倉の鶴岡八幡宮から勧請した村の氏神である。湯立神事には幕府から薪が下され、幕府の役人はじめ各地から多勢の人が集まった。

宿駅制度で設置された二川宿は、二川村と大岩村で一宿の継立業務を行っていた。離れた二か村の負担は重く、不都合でもあった。吉田藩領から幕府直轄の天領に変えて、翌正保元年（1644）二川村を現在の地に移転して二川宿とした。

宿場というより休息所

それにしても小さな宿場、宿泊よりも小休《こやすみ》といわれた休息の方が多かった。

二川宿資料館

二川宿資料館館内

ひっそりとしていて明治以降も発展しなかったうえに戦災を免れ、昔の町割りがほぼそのままの状態で残されている。古い家が比較的多く、江戸時代の海道の雰囲気が漂っている。普通の民家も間口は狭くて奥行き深く、同じような大きさのものが並んでいる。

東駒屋・西駒屋は田村家一統のたまり醤油屋で、かつては味噌もつくっていた。古さびて見事な格子戸に、思わず足が止まる。

二川宿の圧巻は堂々とした門構えと威厳のある格子造りの本陣遺構である。

東海道では草津本陣田中家（国指定史跡）と二つしか残っていない。当主馬場家から寄贈された豊橋市は改修復元、付設した資料館では充実した展示・運営がなされている。

表門のほか主屋・玄関棟・土蔵・鍬蔵《くわぐら》は当時の遺構を伝えており、後

二川八幡神社

妙泉寺山門

藤家・紅林家のあとを馬場家が引き継いだ文化4年（1807）に建て増しされた部分が多い。明治4年に取り壊されたままだった書院棟は格式高い書院造りで復元された。

大名や公家のための上段の間は床の掛軸や調度品もしつらえられ、大名行列の到着を待つばかりといった気分になる。畳を一段上げてあるのは、敬うだけではなく縁の下からの剣を防ぐ意味もあったようだ。

苦しかった本陣経営

馬場家伝来の間取り図や残存部分の痕跡調査に加えて、草津本陣などの実測と、周到に計画された成果が見られる。当時の材料などをできるだけ使い、黒光りする太い柱も昔の手法で復元している。ていねいな説明を聞くと、建築に明るくない者にも181坪の全体像がよく解る。

台所・風呂・雪隠《せっちん》等々ももちろん備わっているが、全部で29室、家族や使用人の住む主屋以外は押入れというものがない。布団はじめ諸道具一切を持参する。料理人も連れてくる。こだわりというか専用の、豪華な漆塗りの風呂桶まで運んでくる大名もいた。時代や大名によって事情も違ったが、本陣は薪と炭を用意するだけである。公家の場合はお伴は少ないから、本陣のものを使う。

滞在中は宿場の入り口や門前に関札を掛ける。月日・官職名・名前、泊とか休とかも墨書する。玄関前には家紋入りの幔幕《まんまく》と提灯をかかげる。一晩であっても大名の城内・屋敷とするのだった。そもそも本陣といったのは、武士たるものは常住坐臥、戦場陣中にいる心構えを忘れずである。

本陣を経営する側は大変だった。料

復元高札場

二川宿高札場跡

金は定められておらず、事前に前例などを参考にして決められる。経済的に苦しい公家などは一筆和歌などを書いて宿泊料代わりに下賜する場合もあった。よきにはからえである。

　参勤交代の大名とて同じ、藩の財政が悪化すると支払いは少なくなる。経費節減のため茶屋で休息することもまれにはあった。

　茶屋も茶屋で、一般の旅人どころか大名を内々宿泊させるところもあらわれた。茶屋と旅籠、茶屋と本陣のあいだで争いになるケースも出てくる。本陣は格式を保つことを求められるから、空いていても一般の旅人を泊めて収入増をはかるわけにもいかず、広大な屋敷の維持は容易ではなかった。

　二川本陣でも当初からの後藤家も、名跡を継いだ2代目紅林家も、ただでさえ大変なうえ、どちらも火災のため再起できずに返上している。馬場家は質屋など金融業で得る利益で本陣経営の赤字を補っていた。こういう本陣が多かった。

本陣の一日を再現する資料館

　資料館では近世の交通史に焦点をあて、東海道・二川宿・本陣と三つのコーナーに分け、当時の旅の装束や諸道具と宿場・本陣の様子が手にとるように展示されている。

　本陣の一日を再現したビデオを見て、絢爛豪華な大名駕籠をまのあたりにし、しばし江戸時代へ連れていかれる。

　幕末の60年、馬場家代々の当主が記録してきた『二川本陣宿帳』（県指定

西問屋場跡

文化財）が33冊そろっているのは珍しい。毎年4回テーマを設けての企画展をつづけているのは立派なことである。

今もあつい信仰をあつめる
岩屋観音堂

もう一つ二川の名を高からしめているのは岩屋観音堂。行基がこの地に赴いた折、亀の姿に似た奇岩そびえる情景に魅かれ、千手観音を刻んで岩穴に安置したのがその起源といわれる。この観音堂は岩屋山の麓にあった大岩寺の境外仏堂として守られてきた。

大岩寺はその後の移転、岩屋山の火災、宗派改変などさまざまな変遷をたどるが、観音は地元民だけでなく海道を行く旅人からも信仰を集めた。

岡山藩主池田綱政は観音信仰に厚く、東海道往来の折はここへの参詣も欠かさなかった。江戸からの帰途白須賀に泊まった宝永4年（１７０７）の夜半、夢枕に立った観音のお告げで急ぎ出立、危うく津波の難を逃れた。綱政はお札として黄金の灯籠一対を寄進する。実はまったく同じ話が白須賀の蔵宝寺潮見坂観音にも伝わっている。

岩屋山頂に9尺6寸の銅製聖観音が建てられるのは明和2年（１７６５）。吉田大橋の架け替え工事が難渋し、江戸下谷の大工が参籠祈願した。豊川に縄の流れる霊夢から暗示を得て、橋の勾配を考案して完成させる。その報恩に寄進したものだから、江戸の方角を向いている。太平洋戦争中に供出させられ、戦後に新しく建てられた。

途中の険しい岩場に付けられた鎖は、御油宿にゆかりのベルツ・花が大正末に寄進したものである。道行く人はこれを指して岩屋観音というが、そもそもの本尊千手観音は岩窟前の観音堂に安置される未公開の秘仏である。

岩屋観音

15

吉《よし》田《だ》

吉田宿（愛知県豊橋市）　御油へ二里半四町（約10キロ）
人口　5277人
家数　1293軒　現在の最寄り駅
旅籠65軒・本陣2軒　JR豊橋駅

市電は街の体内時計

城下の入口を示す吉田宿の東と西の小さな惣門が、つい最近建てられた。豊橋の中心部は戦災をうけており、「吉田通れば二階から招く、しかも鹿の子の振り袖が」と謡われた往時の面影はない。

東海道が電車通り（1号線）を渡った札木町の歩道上に本陣跡の標柱が建っている。江戸屋の跡は明治創業の「喜の字」というそば屋で、店の奥には江戸時代からの井戸も残っている。その先が城の外堀だったそうだ。

並んでいたもう一軒の清須屋跡で「丸よ」という饅屋を営むのは、本陣創業の中西与右衛門の子孫だそうだ。その建坪は327坪の大屋敷だった。その先新本町にある菜飯田楽の「きく宗」は文化年間の創業で、東海道名物の一つだった。高度成長時代は美食家が最後にいきつく江戸の滋味だとされていたが、ダイエットブームの昨今は古風な人気ブランドとして入口の味となっている。

問屋場跡

吉田城

市電が走っているのは五十三次のうち豊橋だけである（大津には京阪が一部路面を通っているが）。ヨーロッパでは洗練された車両の市電が復活している街があるのに、日本ではつぎつぎと姿を消してしまった。市電が生活感覚の深いところで刻の流れの基準をつくり、街の情感を和やかにしている。街は何よりも人間の暮らす空間であり、市電は街の体内時計なのだ。

東海道四大橋・吉田大橋

豊川に架かる現在の豊橋は昔は吉田大橋といっ

吉田宿本陣跡

吉田大橋

たが、当時は数十メートル下流にあった。長さ120間（216メートル）、東海道四大橋の一つだった。享保以降多摩川の武蔵六郷が渡しになると三大橋ともされた（岡崎の矢作橋と琵琶湖の瀬田大橋）。

今橋の山号をもつ古い寺もあり、吉田は今橋といわれた鎌倉時代から栄えた宿場だった。永正2年（1505）今川氏の命をうけて牧野古白が築いて今橋城としたが、「忌はし」に通ずるのを嫌って15年に吉田城に改名した。宿の名もそれにならったようだ。

広重の保永堂版に豊川橋とあるようにいろいろに呼ばれたが、豊橋をとって町の名としたのは大政奉還に際しての明治2年のこと。

天正18年（1590）池田輝政が15万2000石を領して入封し、町並み整備、城郭建築、豊川治水に取り組んだ。

その後大名も財政がきびしく天守閣はついに造られなかった。四隅にあった隅《すみ》櫓も、宝水・嘉永の大地震で倒壊したり、明治6年の火災で消失したりした。

昭和29年の豊橋産業文化博覧会の折に豊橋の復興を期して、北西の石垣上に鉄《くろがね》櫓のみ鉄筋で造られた。解体して払い下げられた櫓や城門の一部など、今どこにあるのか不明とのこと。美術博物館の後藤清司さんに親切に教えていただいた。

今橋町の名前が残っている城跡は公園となっているが、その周辺にもさまざまな遺構・施設が集まっている。歴史への追憶にかられる、江戸・明治の文化の残照の中に大正・昭和の匂いもする空間である。

藩校時習館址などの史跡めぐり

正ハリストス教会

曲尺手門跡

豊川の対岸から眺める旧城郭の姿もなかなかよい。櫓あり、石垣あり、水あり、これらを大切そうに囲む緑の城景は、空や雲の気配まで日常と違って見せるから不思議だ。

鉄櫓の西側の石垣は後世の手直しの形跡がなく、城郭の骨格を造った池田輝政時代のもの。工事を分担した大名の刻印のある石が50以上確認されている。本丸御殿もあったが宝永の大地震(1707)で倒壊している。

芝生広場の一隅に中村道太のレリーフがある。大政奉還の際は藩を代表して交渉にあたった。豊橋に第八国立銀行を設立、初代渥美郡長を勤めている。のち丸善社長、横浜正金銀行初代頭取、東京米商会所頭取として活躍した。文人墨客、大隈重信、福沢諭吉とも交友、慶応義塾にも寄与した。吉田藩士だった富田良穂の歌碑もある。二人は近代豊橋の先覚者だ。

尾張の明倫堂に次いで古い藩校時習館址が公会堂前にあり、その後身の尋常中学を卒業した富安風生の句碑がある。晩年を豊橋で過ごした小栗風葉の傑作『青春』の一節を刻んだ碑もある。美術博物館・球場・弓道場・武道館、そして刑務所も並ぶ。500年の年輪相の中に人生の哀歓を一入《ひとしお》覚えさせる空間である。

公園の南にロマネスクスタイルの公会堂とビザンチン様式のロシア正教のクーポルが空に輝く。19世紀半ばから日本に伝わり、豊橋での布教は明治8年に始まって、教会が建てられたのは大正2年。完成度の高い美しさを保っているのは函館と豊橋のみ。戦火を免れ、帝政ロシア時代に渡来した数々の美術工芸品が残されている。特に日本人のイコン画家山下りんの最高傑作とされる「主の昇天」の純粋性・厳粛

湊町公園

ヤマサ本店

性・法悦感に、信者でなくとも魂が鎮められる。

天下第一・三河花火

三河花火最古の記録は永禄3年（1560）、吉田神社の打ち揚げである。火薬は鉄砲につながるので厳しく取り締まられたが、家康の地三河だけは庇護され、三河花火は万治から元禄にかけて江戸に伝わり一大発展をとげた。滝沢馬琴も『奇旅漫録』で吉田の「今日の花火天下第一と称す」としており、今も打ち揚げ・手筒など祇園祭は盛大に行われている。

吉田湊は豊川上流からの物産品の集積と江戸への回船業務、伊勢参宮の旅人などでにぎわった。湊町公園にある神明社は古く白鳳時代の創建で、湊町・船町の鎮守の森だった。境内の蓬来島には芭蕉の「越人と吉田駅にて寒けれど二人旅ねぞたのもしき」の句碑がある。

前芝の燈明台と三河海苔

寛文9年（1669）に建てられた前芝の燈明台は宮の渡しについで古い。暴風や高潮で倒壊するたびに藩主によって修復され、毎夜村民の手で菜種油の明りが点された。浅草海苔と銘うって全国に広められた三河海苔は、幕末のここ前芝で始まったものである。舟便でいえば豊川の上流に、平安の頃からと伝えられる牛川の渡しが、愛知県内に唯一今も息づいており、日に2往復の時刻表がある。

吉田に始まった宗偏流は、城主小笠原忠知に招かれて茶頭を務めた山田宗偏が興した。臨済寺には宗偏作の枯山水の庭や愛用したつくばいがある。安久美神戸神明社の鬼祭りは国の重要無形民俗文化財。平安の昔から伝わる田楽に神楽をとり入れた、豊作を祈る神事である。

豊川の西の海道沿いには史蹟が多い。芭蕉没後50年記念に建てられた「ごを焼《た》いて手拭あぶる寒さかな」の古碑と、横井也有の筆になる同句の碑と2基あり、松葉塚と呼ばれる聖《しょう》眼《げん》寺。今は何の変哲もない鹿菅橋《しかすが》は有名な歌枕。菟足《うたる》神社の人身御供《ごくう》の悲話ゆかりの子だか橋の碑もある。

豊橋名物・高級筆づくり

豊橋といえば筆。文化元年（1804）京都から鈴木甚左衛門が吉田藩学問所の御用筆匠として迎えられて始まった。石巻山麓に住むタヌキ・イタチ・リスなどの毛も手に入り、原料は事欠かなかった。幕末にかけて下級武家の内職として盛んになった。

明治に入り佐野重作の改良著るしく、36工程ほとんどが職人の手仕事で品質よく、現在も高級筆の8割は豊橋である。生まれたままの赤ん坊の髪の毛で記念の筆を作る家もある。

文政年間に金比羅参りの土産からヒントを得たちくわとともに、高級筆は豊橋の全国区の物産品である。

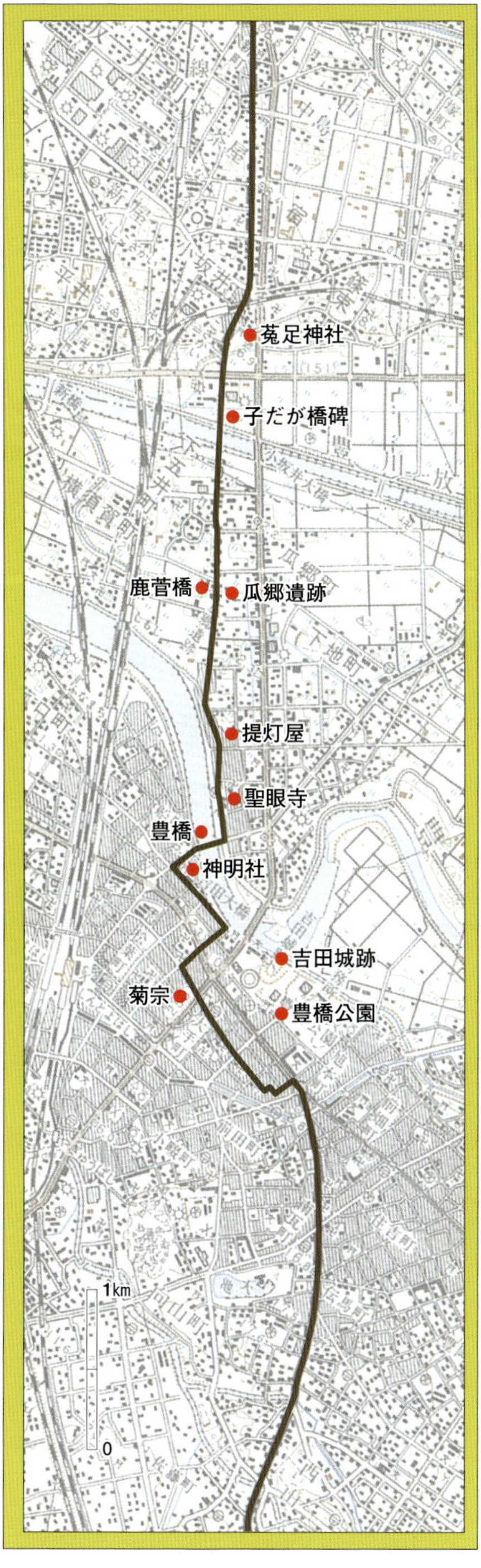

16

御《ご》油《ゆ》

御油宿（愛知県豊川市）　赤坂へ一六町
人口　1298人　（約1・6キロ）
家数　316軒　現在の最寄り駅
旅籠62軒・本陣2軒　名鉄御油駅

東海道と姫街道

東海道は、名鉄豊川線を北に越えた辺りから、田んぼや住宅地の下に埋まったりして消滅してしまう。1号線の左側にある国府交番前でよみがって左斜めに入っていく道沿いには、古い造りを残す民家も並んでいる。

国府駅で待ち合わせた栗田昌之さんは、御油・赤坂の正にウォーキングディクショナリ（生き字引）で、豊川市史の編さん委員でもある。先祖が御油で馬や馬子・馬喰も泊まる旅籠割菊屋を営んでいたと聞いて納得した。

右側に長い石垣と白壁に囲まれた大《おお》社《やしろ》神社が見えてくる。この地方の中心的な社で、棟札によれば石垣は田沼陣屋の石垣と音羽川上流の石を運んで築いたとある。

国府夏祭りは上町・中町・下町・南田町が山車を曳き、炎天下の海道を歌舞伎行列が練り歩く。夜は手筒や大筒、音羽川の仕掛け花火が奉納される。「岡崎と同じ日ですが、盛大で狂ったように熱くなりますよ」と栗田さんは話す。徳川の地三河は謀反を起こすまいとされ、火薬の秘術は伝承されてきた。道の広さは昔のままだそうだ。東海道を歩いたほとんどの外国人は、石畳や排水の整備を含めて、素晴らしい道路だと記している。少し先が姫街道との追分で、大きな常夜灯と秋葉山・砥《と》鹿《が》神社への道標2基が建てられている。

皇女和宮が降嫁の折に通った中山道

御油の松並木

御油橋

も一部姫街道とも呼ばれるが、ここ御油から見付まで15里余（61キロ）を姫街道という。名前がいいので広まっているが、幕府の公文書にはその呼称はない。ひね（古い）街道の俗称であって、正式には本坂道・本坂越《ごし》と呼ばれた。今切《いまぎれ》の渡しを避けての脇街道だが、信仰の道でもあり、三河と遠州を結ぶ交易路でもあった。当古《とうご》の渡しで豊川を渡り、本坂峠を越えて浜名湖の北三ケ日・気賀を通っていく。

清国の商人が献上した象が、将軍吉宗の待つ江戸へ行く時、この道を通った。急な引佐峠で悲鳴をあげ、峠の西側は「象鳴き坂」と呼ばれた。

江戸時代の建物をたずねて

音羽川の御油橋、昔は木橋で信長が架けたといわれる。橋のたもとに広重も描いた樹齢３００年の見事なムクの

ベルツ花夫人生家跡の標識

姫街道分岐点

木が生い茂っている。空をおおう樹木を見上げると、人は誰しも生命を感じ、過去を観じ、未来を思う詩人になる。私たちはもっと樹の声を聴くひとときを持ち、自然の中の人間であることの情感を大切にしたい。

御油橋を渡った所が茶屋町、旅籠や茶屋も多かっただろう。かって宿場だった海道筋にはどこもそれらしい空気が漂っている。栗田さんによれば江戸時代の建物は２軒になってしまった、その１軒が旧家の熊谷邸、いも問屋だった。以前来た時は竹で作った犬矢来《いぬやらい》や家紋の入った障子、蔀戸《しとみど》など残っていた。亡くなられた熊谷武至の表札も並んで架かっている。

「瓦が少し小さいでしょ、江戸の建物はすぐわかります」と栗田さんに教わった。古い家に住むのは不便で維持費もかかる。国宝・重文に限らず広く歴史的・文化的に価値あるものは、国や自治体で選んで補助する。おびただしい不正支出や無駄を省けば不可能なことではあるまい。その上で英国のナショナルトラストのような運動が広がれば、ほんとうの意味で豊かな国になるだろう。

実は新卒として蒲高高校に務めた私は、熊谷武至先生の後任だった。大蔵書家、中央にも聞こえた学問の人で「水甕《みずがめ》」の歌人だった。心して励むよう校長にいわれたことを憶えている。記念にお宅の前で写真を撮ってもらった。

ドイツ人医師・ベルツ

右折して横町に入る角の高札場跡の

御油の町並み

松並木資料館

筋向かいに、ベルツ博士夫人となった花（本名はつ）の父親の生家（旅籠戸田家）跡がある。ドイツ人ベルツは、東京医学校（現東大医学部）の教師として明治政府に招かれた。私たちも子どもの頃あかぎれの手にベルツ水をつけたものだ。父を亡くしていた花は帝国ホテル（一説には大学出入りの食堂）で働いていた。伊藤博文の養女となって結婚する。国際結婚の先駆けである。30年の任務を終えた夫とともにドイツに渡った美しい賢夫人だった。ベルツ亡きあと日本に帰り、三河に自分のルーツを求めていろいろ足跡を残している。

五十三次でもっとも短い距離

問屋場から次の問屋場までの距離を宿場の長さとした。五十三次のうち最も短い16丁（1・7キロ）に、二つの宿場がおかれていた事情が、松並木資料館の古文書などを見て解った。

宿駅制度の発足にあたって下された朱印状の宛先に「赤坂　五位」と二宿併記されているのはここだけである。江戸方面へは藤川の馬が赤坂を通り越して御油で継立をして吉田までいく。上りは御油を通り越して赤坂で継立するよう、「違ふべからず」として定められていた。

近距離ゆえ上り荷下り荷を分けて次の宿場を素通りしていくという、他には例のない措置だった。すぐにこの役割分担制もとかれてそれぞれ独立する。

天然記念物の松並木

御油の松並木は慶長9年（1604）から植えられ、当初650本あった。その後も幕府はさまざまな通達を出して保護につとめさせるが、長い歳

薬師堂

月のうちに枯れたりするのが多く植えてもおいつかない。赤坂代宮所も管理にあたっている。文久3年（1863）には、古木276本と新たに367本植樹の記録がある。

昭和19年に国指定の天然記念物となるが、御油の住民と知恵者の努力の賜物である。太平洋戦争末期、資源不足で軍部は松根油を採りだした。350年守ってきた松並木の保存を訴えて奔走し、先回りして申請した。正に生命《いのち》と歴史を守ったのである。47年には愛護会が結成された。下草刈り、施肥、消毒、こも巻き、補植、清掃など、中学生たちも参加して献身的な活動をつづけている。

かつての面影を探して

茶屋町・中町と昔の面影をよく残していたのが、10年でかなり変わった。小さな宿場ながら旅籠は多く、飯盛女も多勢いた。赤坂とは近いだけに客の奪い合いはすさまじかったようだ。

広重の「旅人留女」に描かれているように、背負った風呂敷包みを後ろから女に引っ張られて首を締められる男が、必死に逃れようとしており、別の大女がすぐ後ろの男をつかまえようとしている図柄には、思わず吹きだしてしまう。「折々は馬も御油にて抱きつかれ」とあるのもリアルな川柳である。

宿はずれに、浄瑠璃姫が義経の大願成就を祈っていた念持仏阿弥陀如来を安置する東林寺がある。

ここの墓域には飯盛女の墓がある。家貧しくて売られてきた女たち、昼は畑仕事などさせられ夜は客の枕もとに侍る。大津屋の19歳から25歳の4人が溜池に入水する事件が起きた。「傾岸渕城信女」のごとく4人とも傾城を入れ地位を高めた6文字の戒名で、抱え

高札場跡

主大津屋弥助の恩情がしのばれる。もう1基童女たち3名の戒名を刻んだ墓もある。

　東海道へもどると見事な松並木が眼の前に現れる。北八が一足先に出かけたものの怖くなって根方で待っている。後から来た弥次さんにキツネと間違えられ、後ろ手にしばられ赤坂宿まで連れていかれる場面がここである。思わずきょろきょろしながら、舞坂同様歩幅で確かめた。842歩、約600メートル。

　平成14年の記録で271本。東側の松から松まで560メートル、西側は520メートルとのことだ。

17

赤《あか》坂《さか》

赤坂宿（愛知県音羽町）　藤川へ二里九町（約8・9キロ）
人口　1304人
家数　349軒　現在の最寄り駅
旅籠62軒・本陣3軒　名鉄名電・赤坂駅駅

御油から16丁と近い宿

宿境の長い松並木のトンネルを抜けると赤坂であった。「夏の月御油より出でて赤坂や」と芭蕉が詠んだとおり、海道で一番近い16丁の宿間を短い夏の夜の月にかけたものである。御油の油あかりから出た明るさが赤坂につながる言葉遊びも隠されている。その句碑が関川神社に2基ある。宝暦元年（1751）のものは上部が壊れて彫りも消え、「……赤坂や　はせを」が読めるだけだ。

小さな本殿を抱きかかえて茂る神樹一如の楠に圧倒される。町の天然記念物に指定されているが、そんな肩書きなど物ともしない威厳がある。見上げていた眼を根方に移すと、大きくえぐられて洞になっている。

慶長14年（1609）、宮路山登山口東の十王堂から出火、宿の30戸が燃えた時に飛び火して焼けたという。刻を吸い、緑を呼び、火さえ呑んで泰然と生きて800年。その右に楠に劣らぬ榎もそびえている。低く細い谷間《たにあい》の赤坂宿を擁する音羽町は小さな町だが、世の栄枯、人の盛衰を淡々と見つづけてきた巨木が何本もある。

巨樹・古木めぐり

杉森八幡社の夫婦楠は樹齢千年。御油西明寺の県下最大のモッコクと並んで県内のでも珍しい正法寺の400年の大イヌマキ。朽ちかけた幹からなお

旅籠　大橋屋

赤坂の町並み

年々新しく芽吹く長福寺300年のヤマザクラ。暮れから正法寺を薄紅色に染めて咲くワビスケ（有楽椿）、300年の雅趣は絶品である。海の音の聞こえる所でなければ育たぬというヤマモモが、初夏には赤い実をつける善住寺。山手で私たちの耳には届かない波のひびきを幾千万日も聞いているのかと思うと、また別の感慨が湧く。

宿の南の宮路山は、「秋来てぞ見るべかりけり赤坂の紅葉《もみじ》の色も月の光も」（藤原忠盛）と詠まれている紅葉の歌枕である。「もみづ」とは木の葉が色づくことで、ここの紅葉はドウダン（コアブラツツジ）。数千本が自生している。頂から三河湾も一望できる晩秋の山肌を紅に染めて昔の刻をよみがえらせる。

中世までは宮路越えが街道だった。標高362メートルの山頂に宮路山聖跡碑が建っている。古代譲位したあと

五人遊女墓石

紅里交差点信号

三河を訪れた持統上皇がここの紅葉を遊賞した。その時の仮宮が設けられた跡といわれる。万葉人も『十六夜日記』の阿仏尼も、みんなみんな心おどらせて宮路越えをしたのである。音羽町では「時が薫るまち——巨樹・古木と幻想紀行」と銘うって、自然と歴史のモデルコースをつくっている。

遊女の里をしのぶ

遊女の多かった赤坂をしのばせる地名を残す紅里《べにさと》交差点角の尾崎屋は、「曲物　民芸品　製造却問屋」と、屋根つきの看板を掲げている。ここの瓦も小さい江戸の建物だ。唐草のまんじゅうが漆喰で白くつめてある。はがれ落ちたのもあり、菊が見える。家紋を入れたのか、数えてみると12弁ながら畏れ恐いとして隠したのだろう。杉や檜の薄い板で造る盆や桶のほか民芸品も並んでいる。以前、名刺用の正目の杉を何枚か英国の友達にプレゼントした。

ほぼ筋向かいに連子格子の二階建て、大橋屋がある。慶安2年（1649）創業の旅籠で、江戸時代は伊右衛門鯉屋といい、ちなんで欄干に鯉の滝登りの彫り物をしたという。

現在の建物は正徳6年（1716）頃に建てられた。明治に入って大橋屋と変えたが、表の提灯《ちょうちん》に「御宿所」と墨書されているとおり、今も海道一の

大橋屋の提灯

東林寺

民芸品の尾崎屋

風情ある宿屋だ。黒光りする急な階段、数々の調度品、千本格子の襖、腰板に絵巻物風に描かれているのは何かの行列の情景のようだが、色あせてよく判らない。間口9間、奥行23間、中庭には南北朝時代の珍しい石灯籠が立っている。三河に残っているものとしては最も古いらしい。

代官所があった赤坂宿

天和2年（1682）以降は三河の天領を支配する代官所は赤坂にあった。大橋屋の西に「赤坂代官所入口跡」の標柱がある。寛政12年（1800）以降は遠江中泉の代官所の出張《でばり》陣屋に格下げされている。幕末には三河県役所と改められ、明治2年再びもとの大薮地内へ新築移転されている。江戸から明治にかけての役所機構の移り変わりが知られる。

広重の「赤坂　旅舎招婦ノ図」は旅籠の屋内の風俗を細々と描いた唯一の図として貴重なものである。画面中央の大蘇鉄は浄泉寺に運ばれたといわれているが（寺の案内板には旅籠清須屋から移植された、とある）、「実はそれは新城市の大善寺に持っていかれているんです」と栗田さんはいう。浄泉寺の本尊は阿弥陀如来だが、石像百観音の霊場である。

平安の悲恋伝説

赤坂にも平安の昔の悲恋物語があった。

長者の美しい娘力寿《りきじゅ》は歌にも舞にもすぐれていた。三河の国司大江定基が都へ帰るにあたり、その愛妾だった力寿は悲嘆のあまり舌を噛んだ。七日七夜亡骸から離れなかった定基の夢枕に現れた文殊菩薩に悟され、舌根寺《ぜっこんじ》を建

西明寺

てて葬った。力寿の念持仏だった文殊像は、舌根寺が廃寺になったため財《ざい》賀《が》寺《じ》に移された。金剛力士像2体もある名刹だ。

娘の死を悼み、父宮路弥太郎長富が寺を建て、定基寄進の聖観音像を本尊として長富寺《ながとみでら》とした。後年焼失して無住となっていたが、宮路家の屋敷跡に再建されたのが長福寺である。裏山に女籠石《じょろういし》と呼ばれる立石がある。少し傾いた石の上部が二つに裂け、寄り添うような不憫とも離れ難い執念ともつかぬ、異形の愛のフォルムをなす天然のモダンアートに心うたれた。

歌文に秀れた定基だったが出家して宋に渡り名僧となる。再び故国の土を踏むことはなかった。長福寺の観音堂には中国から送ってきたと伝えられる自ら刻んだ定基像がある。定基のことは『今昔物語』『古今著文集』はじめ多くとりあげられている。

西明寺にベルツの面影

栗田さんの車で国道をUターン、定基の結んだ庵が起源とされる西明寺へ。途中東三河最大の船山古墳の丘に登り、古くから展けた一帯に思いをはせた。

西明寺の白壁塀に三ツ葉葵の紋を見て、家康との縁を知った。実は花・ベルツの実家戸田家の菩提寺で、花は愛弟子たちとここに供養塔を建てている。昭和45年、水原秋桜子作の顕彰句碑除幕式に孫娘が来日。ベルツ博士生誕のドイツの町から贈られた菩提樹が本堂前に植えてあった。墓地で、彼岸のお参りにきていた戸田家の方と遭遇した。

戦国物が好きだという人に山本勘助の墓を尋ねられ、みんなで探した。栗田さんは水をかけると文字が浮き出てくるという。やっと見つけた「鐵岩道

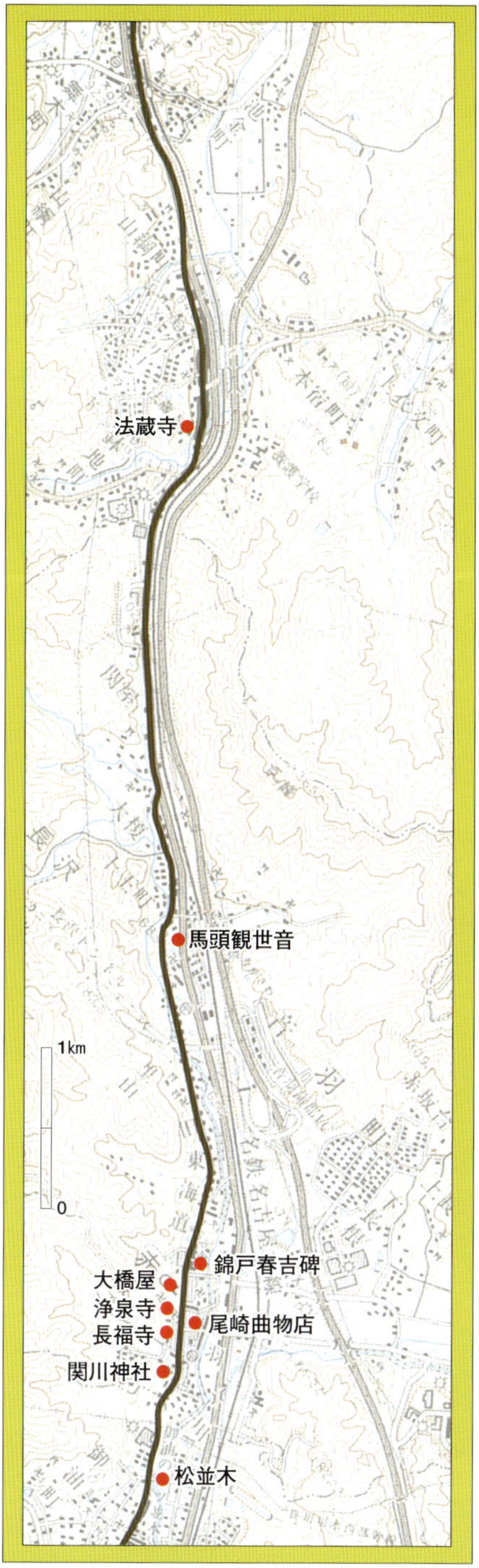

法蔵寺

一居士」。川中島の合戦で没した、三河出身の謎多き兵法家の生涯をしばし語りあった。海道と同じく墓域もまた、歴史の中に眠る人を喚起する彼岸の一日だった。

内省と祈りの空間

国分寺跡周辺を回った。全国最古の創建当時の銅鐘、国府八幡宮本殿。広大な国分尼寺跡は礎石や複式回廊跡のほか何もなく、深遠な静謐に満ちていた。

「NY貿易センタービルの跡地はビルを再建せず、内省と祈りの空間に」という世界的建築家・安藤忠雄の提唱に、世界は耳を傾けるべきだと思った。

18

藤《ふじ》川《かわ》

藤川宿（愛知県岡崎市）　岡崎へ一里二五町（約6・5キロ）
人口　1213人
家数　302軒　現在の最寄り駅
旅籠36軒・本陣1軒　名鉄藤川駅

法蔵寺と近藤勇

法蔵寺は赤坂と藤川の間にあってはずしてしまうことが多いが、名鉄を利用すれば本宿駅から近い。行基お手植えとされる開山槇を通して総門・山門・本堂の屋根が重なって美しい。徳川家の祖松平初代親氏が帰依して堂宇を再建し、法蔵寺と改名した。

家康幼少のころ住職に読み書きを習い、手習いの紙を干したと伝えられる草子掛松があったが、今の松は3代目か。習字は駿河でのこと、その時の机などがこの寺に後に伝来したという説を、貝原益軒は記している。

東海道に面していたので参詣者も多かった。幕府に厚く遇され、門前は馬やかごから下りて通る定めになっていた。三河の三壇林（仏教の学問所）の一つでもあった。

境内の高みに珍しい六角堂があり、藤原期末の聖観音像が祀られている。何で?と思うが、この寺には新選組隊長近藤勇の首塚がある。東京板橋で処刑され、首は京都三条大橋にさらされた。生前勇が帰依していた誓願寺の和尚がここに移っており、同志が盗みだして埋葬を願いでた。昭和32年総本山誓願寺の記録から事の次第が明らかになり、胸像も建てて供養した。

近藤勇、激動変革の世にあって、国を憂え時流に逆らい愚直なまでに人間としての義を貫いた、凛として優しい34歳の魂が大樹の陰に眠っていることに、歴史の痛ましさを覚える。

藤川宿東棒鼻

近藤勇の首塚

鎌倉街道からつづく古宿

山中八幡宮の赤鳥居と高さ21メートルの大クスノキが見える。家康は生涯にいくたび命拾いしたことだろう、強運の人である。

三河の一向一揆勢に追われて石段上にある本殿横の洞穴へ逃げこんだ。追手が洞をあらためた時2羽の鳩が飛びたった。鳥の気配だったのかと思いこんで立ち去った。その5年前、家康は初陣に際してこの神社に祈願して戦功をたてている。開幕後朱印状を与え、代々厚く遇してきた。長く神域の森は古木亭々として生い茂り、県指定の環境指標林の中に「鳩ヶ窟」がある。

1号線と分かれて東海道は藤川の東棒鼻へ入る。傍示杭《ぼうじくい》の立つ宿場の端《はな》が棒鼻である。昔は山中からここまで1・5キロ松並木がつづいていた。

鳩ヶ窟

山中八幡宮

歓楽街だった赤坂と大きな岡崎にはさまれて、藤川はひっそりした村だった。人馬継ぎたてがまかないきれず、慶安元年（１６４８）には舞木村市場の68戸を海道沿いに移住させて加宿とした。宿場町としての歴史は古く、鎌倉街道からつづいている。

毎年8月1日に幕府が朝廷に馬を献上する「八朔《はっさく》御馬献上」の行列を、広重は藤川の棒鼻を舞台にして描いている。ひれ伏して迎える宿年寄の後ろに、土下座したり戯れたりしている仔犬を添えたところに広重のコミックリリーフが見られる。この絵に似せて石垣と土塁を組み、棒鼻を再現し、曲尺手《かねんて》の細い道に昔風の家並みもあり、五十三次の浮世絵を通していっとき江戸時代に誘われる。広重自身この一行に随行した体験をもとに描いたものである。

雷電のライバル力士の墓

西三河に入ると家康ゆかりの伝説が多くなる。

明星《みょうじょう》院の参道に片目不動の赤い幟が立ち並ぶ。今川方鵜殿と争った扇子《せんず》山《さん》の戦いで見知らぬ男が現れて家康を救い、敵に眼を射抜かれていずかたへか立ち去ったが、形勢は逆転した。戦勝祈願をした明星院にお礼に行った家康は、片目の不動尊を見た。形相もあの時の怪人に似ている。感に堪えず「片目不動さま」と呼んで厚く信仰したという。

この寺には民衆の熊野三山参詣の様子を描いた大幅の曼陀羅があり、補色などまったく後世の手が入っていない珍しい作だ。鏡板にされた鎌倉時代前期の蔵王権現懸仏一面もある。

吉良街道分岐点

本陣裏手の石垣とからむし

すぐ西の称名寺に、珍しく江戸後期の人気力士江戸ヶ崎の墓がある。久留米藩のお抱えだったが、文化9年（1812）藤川で客死した。当時の名力士といえば雷電だが、東西両大関の記録的名勝負がある。仕切り直し48回の末江戸ヶ崎が勝った。雷電は通算254勝10敗、その1敗がこの一番。新任のころ蒲郡高校で教えた杉浦敏郎さん（相撲協会理事）から聞いた話である。

　高札場跡、問屋場につづいて、江戸時代末の商家銭屋（よろず屋）が今も残っている。

　格子戸は外から見にくいが、内からはよく見える。こういう細かい格子戸を作る指物師がなくなっていくというか、注文する施主がいないのだろう。雨水が下の溝へ落ちるように大屋根が前に出してある。庇の両端に軒卯建があり、類焼を防ぐ造りになっている。

　宿の概要を記した立派な案内板が立っている。

　藤川は幕府直轄の宿場で代官によって治められていた。新居から宮まで旅館連盟のような11宿の組合があり、赤坂と藤川が取締りの宿場だったこと。二川・赤坂・御油と4宿連名で荷車の使用を幕府に願い出て、海道中で初めて許可を得たこと、この二つは案内板で知った。

　小さい宿場ながら塩の道・吉良街道に通じる交通の要所、知恵をだして改革に取り組んでいたことは忘れまい。

　明治2年藤川宿飛脚に始まった郵便局の名称や場所の変遷の解説板など、至る所に小さな表示があって好感がもてる。

紫麦の穂

藤川宿資料館内

脇本陣を資料館に

　白壁と腰板で柱の両脇を固めた、それと目につく門がある。脇本陣大西喜太夫橋屋の跡である。

　門は享保4年（1719）の大火後に建てられ、ほぼ原型をとどめた小さいながら貴重なものだ。明治以降村役場などとして使われ、平成に入って資料館に。戸を開けてスイッチをつける。自分の室に入るようなファミリアルな感じに、ほっとする。

　高札や古文書・古地図、海道の家並みや松並木、周辺の田畑や山川の精妙にできた模型。施政方針告知の高札など、将軍や藩主が替れば取り替えられるのが普通だが、どこかに残されていたものが貴重な時代の証言になる。定・禁令のほか家庭や世間の規範を示したものもあり、社会の秩序と平和を保つ支えになっていただろう。

紫の宿・藤川

　西棒鼻の筋向かい十王堂の境内に芭蕉の句碑がある。全国に何百基もある中でも最も大きいものとされる。百回忌に三河の俳人たちが建てたとあるが、その偉容はわびさびの俳人の句碑らしくない。

　　爰《ここ》も三河
　　　むらさき麦のかきつはた

　三河といえばかきつばた、その紫と重ねて詠んだものだろうが、芭蕉作とする確証はなく今ひとつ句意がはっきりしない。紫麦とは藤川宿での呼び名で、藤からの連想か。

　『東海道名所図会』には「此辺に紫麦を作る。これを高野麦といふ。畿内にも所々作れり」とある。小高い所か

名鉄藤川駅

ら見れば紫がかった褐色に色づいてきれいだっただろう。昭和半ばに姿を消していたのを、地元の人たちの幻の麦への夢絶ちがたく、県総合農業研究所の協力で栽培に成功した。奇しくも芭蕉没300年の年に。今は五月の海道沿いに美しく実っている。

歌川広重ともいうのは歌川豊広に入門してからだが、その豊広の狂歌碑が西棒鼻にある。「藤川のしゅくの棒鼻見わたせば　杉のしるしとうで蛸のあし」。杉のしるしとは傍示杭のこと。三河湾でとれた蛸《たこ》が吉良道を通って藤川に届き、ゆでられて軒々に吊されていたのだろう。

藤川では紫がキーワードである。

19

岡《おか》崎《ざき》

岡崎宿（愛知県岡崎市）
人口　6494人
家数　1565軒
旅籠112軒・本陣3軒

池鯉鮒へ三里半二町
三二間（約15・1キロ）
現在の最寄り駅
名鉄東岡崎駅

道に迷う愉しみ

伝馬宿駅制400年の年に、NHKテレビで毎月東海道の話をすることになった。はじめに岡崎周辺の今を鈴木順一さん（日展審査員）と探索した。偉い先生を運転手にしているとよく冷やかされるが、実は二人とも大の方向音痴。生田川《しょうだ》の源氏蛍発生地を訪ねた時もやらかした。

この地での詠ではないが芭蕉の句碑「草の葉を落つるより飛ぶほたるかな」と並んで、国の天然記念物に指定されたとある石碑が建っている。この辺では直径1〜2メートルの光の群舞が見られ、（昭和初期まで、江戸の中頃から有名だった）地元では高橋を蛍橋とも呼んでいた。

今は何の変哲もない風景で「荒城の月」の好きな鈴木さんが、「昔の光今いずこですね」という。そのあと道に迷ってしまった。道の辺に立派な欅《けやき》を見つけ、鎌倉街道が田んぼに埋まって樹の位置が道の左右逆になってしまったと、土地の人に教わった。若き家康が何度も泊まりにきた岡城址へ、ついでに案内してもらった。ここも時代に埋もれて、樹林や竹やぶに囲まれ、堀跡もあった。

テニスの選手に「ゾーンに入った」という言葉を聞いたことがある。相手の動きやボールがスローモーションで見える絶好調の感覚らしい。岡城の跡に佇むと想像力がかきたてられ、崖下に近く遠くせせらぎが聴こえてくる。

岡崎城

岡崎城・船着場跡

見上げる空はもはや平成の空ではない。源氏蛍が乱舞し、闇が蛍を照らしている。兵《つわもの》や女たちの哀歓消え残る歴史への追憶絶好調に快感さえ覚える。「道に迷うと思わぬ発見につながります。街道歩きは時にガイドブックからはずれて下さい」と放送でしゃべったら、大変うけた。

〝逆臣〟石川数正の墓

一向一揆に由縁深く複雑な変遷を強いられた美合の本宗《ほんしゅう》寺、ここに石川数正の墓がある。

竹千代が今川の人質になった時も近侍し、のち各地の戦いで生死を共にし、岡崎城代も務めた側近中の側近。小牧長久手の戦いのあと秀吉との不戦を進言したが容れられず、大坂へ出奔、徳川に大きな衝撃を与えた。武力対決の回避こそ徳川のためと身を犠牲にし

一大平一里塚

大樹寺・松平家墓所

たとする再評価説が出ている。逆臣原田甲斐を伊達騒動の忠臣として蘇えらせ、その苦悩と人間性を描いた『樅の木は残った』が思いおこされる。

よく原型をとどめる太平一里塚の近くに大岡越前守陣屋跡がある。機知人情にとむ江戸町奉行だったが、世に伝わる「大岡政談」は諸奉行の名裁判物語を集めたもの。

筋違橋を過ぎて街中へ近づく。武田に内通の嫌疑を信長からかけられた築山御前と信康、海道をはさんでそれぞれの首塚を祀る八柱《やはしら》神社と若宮八幡がある。妻を死に至らせ、21歳の嫡男を自刃させざるをえなかったこと、家康生涯の痛恨事だった。戦国の世の悲惨の謎は解けていない。

松平家の本拠地

松平が岡崎に本拠を移したのは家康の祖父清康の時。桶狭間のあとここに帰った元康（家康）は、浜松に移るまでの10年間に三河を再統一した。家康の関東移封後、城主となった田中吉政が、菅生川の南を通っていた東海道を町中に移し、城下町の原型を造った。

軍略上だけでなく、平時は往還に面する店数を多くして町の繁昌をはかる二十七曲りだった。江戸時代、禄高は5万石前後だったが、神君出生の城として別格に扱われた。産場の井戸、胎衣《えな》塚のほか、三河武士のやかた、家康遺訓碑がある。

海道一のフジが復活

伝馬通りから遥かに鳥居の見えた徳王さん。「ここの井戸で人も馬も元気をとりもどす」と評判だった。

隣の金刀比羅さんの丈余の長藤は海道一、物差が備えてあって房を測り興

徳王神社

徳王神社の藤棚

じた。空襲で両社殿は焼失、昭和42年に合祀して新社殿を造営する。焼け残っていた3株を移植すると10年後に花をつけ、170センチの房もたれた。「道をはさんで酒蔵があり、酒の染みたいい水が幻の藤を復活させたのかもしれません」と宮司の中川誠司さんは笑う。

大正10年『東海道五十三次漫画絵巻』が150部刊行された。岡本一平・池部釣たち東京漫画会の面々の手になる肉筆の水彩画集で、岡崎宿はこの藤が描かれている。

徳川の菩提寺、三河花火

大樹寺は松平・徳川の菩提寺である。大樹とは将軍の唐名で、初代住職が願いをこめて命名、家康によってその願いがかなえられた。

桶狭間で義元が討たれたあと元康は織田の雑兵に追われて大樹寺に逃げこみ、先祖の墓前で自害しようとした。住職に「私利私欲で穢れた戦乱の世を住みよい浄土に変えるのがお前の役目だ」と諭されて開眼、「厭離穢土　欣求浄土」を座右の銘とした。

美しい多宝塔をはじめ重要文化財の多い名刹である。ほかにも滝山東照宮・伊賀八幡宮・六所神社・随念寺・松応寺・大林寺など朱印地を与えられた寺社も多い。

吉田と並んで三河花火の中心地である。代々の城主の庇護と祭礼行事と結びついて発展し、近代にかけていくつかの流派と個性的な花火師を輩出した。身代をつぶして寺へ入る前に家の中で別れの花火を揚げ、天井下一寸で見事に開かせたという花火狂もいた。

築城工事に始まった石工業は、岡崎が良質の花崗岩の産地でもあり、河

現代の矢作橋

八丁味噌の郷

内・和泉から招いた石工の移住などもあり、４００余年の伝統をもつ全国有数の生産高を誇る。

味噌蔵を利用した資料館

八帖町には古い家並みの中に５００年の歴史をもつ八丁味噌の蔵も立ち並んで趣を残す。明治40年に建てられた国指定文化財の味噌蔵が資料館になっている。

年代物の杉の大桶で3年醸成する。一人で毎日８００年飲める分量（30万人分）の桶が４６５あるそうだ。

三河武士の滋養の多い携帯食だったが、開幕後は一気に知れわたった。実は吉良塩と赤穂塩と混ぜて使っていた。吉良上野介が司った接待料理に八丁味噌が使われていたとしたら「歴史のユーモア」、塩も絡んだ事件だっただけに。

葛あんをかけて食べる淡雪豆腐は評判の東海道名物だった。明治に入って考案されたのが銘菓あわ雪。絶品である。豆腐の方はなくなってしまった。

３代将軍家光の上洛に際して初めて架けられた板橋が２０８間（３７４メートル）、海道一の矢作橋だった。水流と技術の問題でその後１００余年の間の８回も含めて12回架け換えられている。広重の絵では岡崎城が橋の北側に描かれているが、その位置も、長さも少しずつ短く変わっている。

義経と浄瑠璃姫

源義経は奥州に藤原秀衡《ひでひら》を頼っていく途中、矢作の長者宅に世話になる。鳳来寺の瑠璃光如来に願をかけて授かった美しい娘がいた。琴の名手で、その音に魅かれて義経が笛で和し、二人は結ばれるが、旅だたねばならぬ日に

浄瑠璃姫塚

名笛「薄墨」を託して去る。慕う心のつのる姫はあとを追うが連れもどされた。悲しみのあまり菅生川に入水する。鞍馬山を抜けだした近江で元服したばかりの16歳（尾張元服説もある）、姫は17歳。二人とも初めての異性だったのではないか。

　父は矢作誓願寺に遺体を埋葬し、浄瑠璃姫の鏡と薄墨を安置して冥福を祈った。菅生川岸（岡崎公園北口）や成就院に墓所や供養塔がある。この物語が脚色されて人形浄瑠璃のもとになった。

　『東海道名所図会』などによれば、姫は蒲原に到って衰弱死、里人は憐んで葬り、塚に松を6本植えたとある。

20

池鯉鮒《ちりふ》

池鯉鮒宿（愛知県知立市）
人口　1620人
家数　292軒
旅籠35軒・本陣1軒
鳴海へ二里半一二町（約11キロ）
現在の最寄り駅　名鉄知立駅

樹齢300年・雲龍の松

岡崎知立間は3里30丁で4番目に長い。新井白石の『改元紀行』に「自是東岡崎領　自是西福島領（刈谷藩領）といへる石碑ある所、大浜の立場なるべし」とある浜屋町（旧大浜茶屋村）の辺り、今はその面影はない。

立場《たてば》とは宿と宿の間に茶店が設けられて旅人や人足が小休止した所。この辺りは大浜（碧南）と足助を結ぶ信州への塩の道の一つだった。宇頭茶屋・大浜茶屋があり、長休《ながやすみ》と称して安く泊めて賑わいをみせたが、宿場をすたれさせるとして禁止されたり黙認されたりした。

永安寺の雲龍の松は樹齢300年。庄屋柴田助太夫は、この地に最初に住んだ今川義元の遺臣の子孫。領主の増税策に抵抗したり、助郷役の免除を願い出たりして死罪となった。村人が邸跡に庵をたてて弔ったのが永安寺の起源だといわれる。

盛り上がった根元から三つに分かれた樹は松ではない。忘れやすい人間どもに訴えかける龍そのものである。龍の思想と情念でなくて何だろう。

東海道三景・歌枕の八橋

文政以来100年の曲折を経て完成した碧南台地の灌漑は、一大農業産地日本デンマークの礎となった。記念として建てられた明治川神社、のち都築弥厚・岡本兵松・伊予田与八郎・西沢

池鯉鮒松並木

一里塚

真蔵が合祀された。３０００余坪の社の前を過ぎると来迎寺である。

江戸時代からの両塚が残っているのは数か所に過ぎず、来迎寺は阿野とともに貴重な遺産である。一里塚は、信長が天正10年（１５８０）に36丁を１里として領域内に築いたのが始まりだった。家康が慶長６年（１６０１）に東海道に、翌年中山道に宿駅伝馬制を定め、17年までには二つの街道の両側に一里塚を完成した。

ここから右に折れると歌枕の八橋に至る。富士・琵琶湖と並んで東海道三景と称えられた。

境内の左が神社で右が無量寿寺、神仏習合時代の名残りである。鎌倉街道周辺に杜若《かきつばた》が咲いていたこの地を名高くしたのは『伊勢物語』である。都に残してきた愛しい人を思う主人公（在原業平）が、「から衣きつつなれにしつましあればはるばるきぬる旅をしぞ

無量寿寺

馬市の看板

思ふ」と、折りこんで詠んだ。

宿をいろどるカキツバタ

八橋の地名の由来は悲話による。

医師羽田玄喜に先だたれた妻が、海苔を採っている時に幼い遺児二人が深みにはまってしまう。尼となった母の一念で、八つ手に流れる川に浦の流木で橋が架けられた。湿地に自生する杜若を亡き子の形見にと育てると、沢辺の水を紫色に染めるほど咲いたという。

無量寿寺には、「かきつばた我に発句のおもひあり　芭蕉　麦穂なみよる潤ひの里　知足」の連句碑がある。鳴海の俳人下郷知足の孫学海によって建てられたもの。謡曲『筒井筒《つついづつ》』に因んで植えられた「ひとむらすすき」はじめ、古今の文人墨客の碑もたくさんある。

寺を再興した方巌和尚が改造した雅趣にとんだ庭園が今に伝えられており、杜若の季節には賑わう。方巌は煎茶道の売茶流二世としても知られている。

近くに業平ゆかり在原寺《ざいげんじ》、分骨され宝篋院塔《ほうきょういん》のある業平塚、業平が実際に歌を詠んだ場所といわれる落田中の一本松、後を追ってきた愛人が入水した業平池など、伝承の故地がつづいている。杜若を見るならば、刈谷市の小堤西池に天然記念物指定の日本一の自生の群落がある。

杜若を描いた工芸品に、尾形光琳の「八橋図屛風（六曲一双、メトロポリタン美術館）、弟乾山の「八橋図」一幅（重文）、「八つ橋蒔絵硯箱」（国宝、東京国立博物館）など、世界に誇れる名品がある。

赤穂浪士の副将の墓

来迎寺一里塚のすぐ近く、小さな禅

了運寺山門

知立神社

寺の裏手に「吉田忠左衛門夫妻墓所」の目だたぬ石柱がある。討ち入りした赤穂浪士の副将の墓がどうしてここにと思う。

娘婿の仕えた本多公が刈谷へ転封、姑のりんも同道、この寺の住職に帰依して得度した。没後娘婿が墓を建て、忠左衛門形見の歯とともに合葬した。吉良に近いこの地に眠るのも奇縁だが、今も地元の人にあたたかく守られている。寺の名は泉蔵寺という。

山町御林《おはやし》にかけて並木八丁と呼ばれた松並木が残っている。そこに広重の絵にもある馬市の碑がある。牛田から八橋にかけての野原で、甲斐・信濃からも集まる何百頭もの馬市だった。

浅井了意の『東海道名所記』に「左の方一里ばかりの浜辺に刈谷の城見ゆ……四方より馬出して売買する也。諸方より傾城多くあつまりて市立の人に契る……（売り上げを使い果たしてしまう者、駄馬を買って大損し笑い者になるとか）」、書かれている。

木綿商いの店や芝居小屋もかかった。明治になって馬市は慈眼寺の隣地に移り、牛が多くなり、ここには「家蓄市場」の石碑が建っている。その季節の道筋での鯖市は、昭和18年までつづいた。

山車文楽・山車からくり

文楽（人形浄瑠璃）は各地にあるが、豪華な山車の上で演じられるのは知立だけではないか。

延享4年（1747）に始まり、のち山車の上で上演されるようになった。これより早く町衆によってからくり人

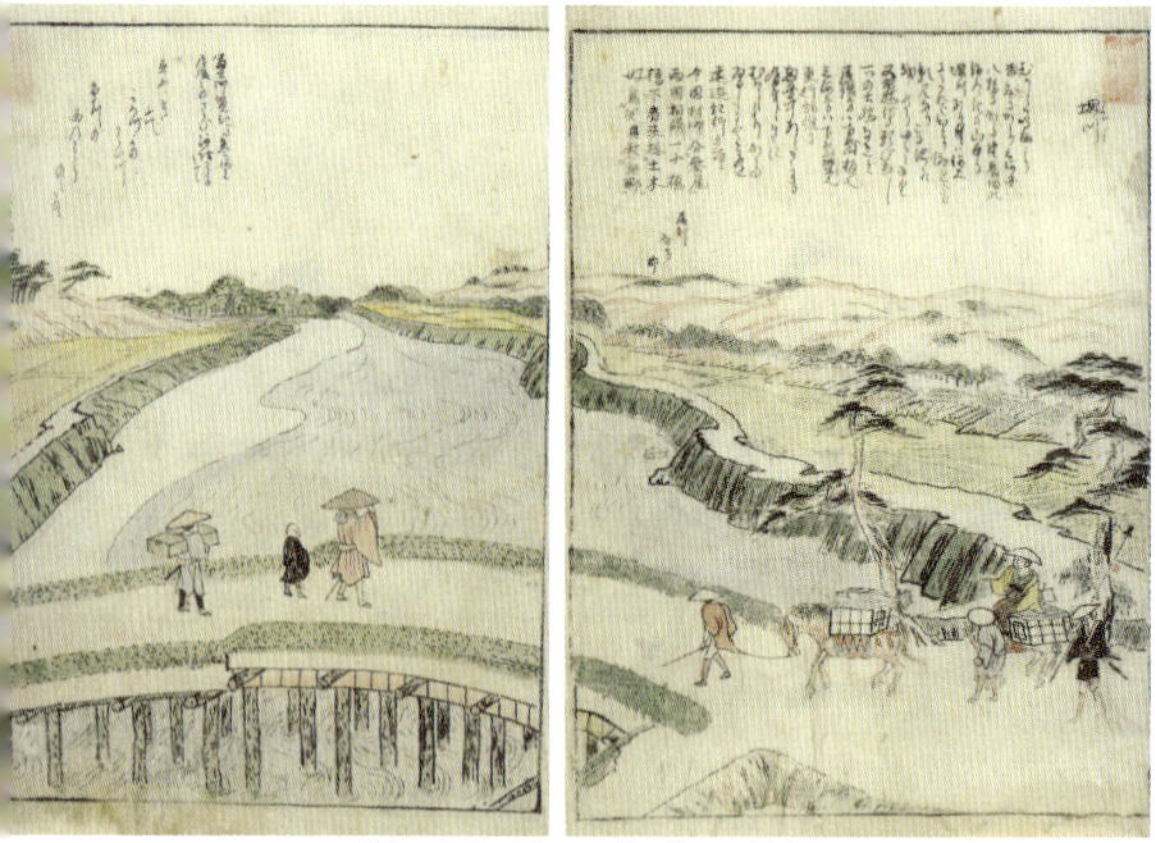

『東海便覧図会略』継橋の風景

知立古城跡

形が考案されていた。初めは山車の飾りだったが、からくりだけで劇をなすのは珍しく、80本もの糸で繰られる時もある。現在は西町の山車だけで演じられている。若い頃一度だけ機会があって、人形が本当に涙を流して泣くと見えた感動は忘れられない。

800点を越す衣装や頭《かしら》、資料文献は知立民俗資料館に保存展示されている。正保2年（1645）から200年以上にわたって克明に記録されている『知立中町祭礼帳』は貴重なもの。山車が豪華なだけに負担も大きく、飾りの大幕は質草になることもあった。

国指定重要無形民俗文化財の「山車文楽・山車からくり」が奉納される知立神社は、奈良時代の創建、熱田・三島と並ぶ東海道の名社である。国重文の多宝塔は永正6年（1509）に再建された柿葺《こけらぶ》きの二層。明治の神仏分離令で壊されるところを、塔内の愛染明王《あいぜんみょうおう》像を総持寺に移すなど、刈谷藩主土井利教の機転で救われた。能面・古文書など文化財豊富な神社である。参道には芭蕉の「不断立つ池鯉鮒の宿の木綿市」の句碑もある。

きしめんのルーツ、継橋

今川はもと芋川と呼ばれた場所で、江戸時代を通じてここのうどん・そばは東海道一の評判だった。西鶴の『好色一代男』の一場面にもなっている。平べったい紐のようなうどんで、ひもかわ、きしめんとなって現在は名古屋の名物である。

西鶴の『一人目玉鉾《たまぼこ》』に「此所三河尾張の境ばしとて、まん中より木と土にてわたせり」とある。三河側が土橋で尾張川が板橋という珍しい「継橋」だった。江戸中後期尾張藩士で画文に

豊明・阿野一里塚

秀でた猿猴庵《えんこうあん》の『東海便覧図会略』の中に、継橋の風景が描かれている。熱田から品川までの東海道名所図会で、最近復刻本が出た。

道の両側にこれぞ一里塚というべきものが阿野にある。よく原型をとどめており、国指定の史蹟になっている。この地に関連する句碑なども建て、豊明市は手厚く守っている。一里塚はもと五間四方で、植える木を尋ねた土井利勝に家康が「余の木を植えさせよ」といったのを、(「ええ木」という説も)榎と聞き違えたとかで榎が多い。

21

鳴《なる》海《み》

鳴海宿（名古屋市緑区）　宮へ一里半六町
人口　3643人　（約6・6キロ）
家数　847軒　現在の最寄り駅
旅籠68軒・本陣1軒　名鉄鳴海駅

桶狭間の戦いしのぶ戦人塚

名鉄前後駅近く、東海道と重なったり、ずれたりしてつづく1号線のすぐ北側に戦人塚がある。桶狭間の戦いの今川勢の死者2500人が埋葬供養された。

古戦場伝説地はその西1キロ。入念な地形調査の上、狙いを義元にしぼっての情報活動と、突然の激しい雷雨も利用した奇襲作戦で信長は今川の大軍を破った。

史蹟公園には義元の墓など7基の碑がある。香川景樹の「あと問へば昔のときのこゑたて、松に答ふる風のかなしさ」の歌碑を前に、歴史を変えたこの一戦に感慨がわく。隣りの高徳院には合戦の資料など展示されている。ただ義元敗死の場所の正確な記録はなく、名古屋有松町桶狭間の田楽坪だとする説もある。

絞りの里・有松

大将ヶ根のY字路を右に入ると浮世絵にもよく描かれた絞りの里有松、名古屋市第1号の「町並み保存地区」は遠来の人で賑わう。関・奈良井・美濃・白川など「伝統的建造物群保存地区」のさきがけである。

もとは丘と松林連なるだけの、追いはぎも出る凹地だった。慶長13年（1608）尾張藩は触書を出し、桶狭間の分村として移住者に税・役免除の特権を与えた。知多郡英比（阿久比）か

有松の町並み

ら竹田庄九郎のほか数家族8人が集まったが、生活は苦しく、名古屋で始まった築城の出稼ぎ人夫として働いた。豊後（大分）から来ていた人々が身につけている物からヒントを得た庄九郎は、土産品の手拭用にと絞りの考案に取り組んだ。その後御典医として来ていた三浦玄忠の妻が、故郷豊後の括《くく》り絞りの技を村民に伝えた。

矢作にかけた一帯が三河木綿の産地、水のいい有松、知多方面の晒《さらし》業、海道土産という地の利もあった。尾張藩主が将軍綱吉に献上し、肌にべとつかぬ絞りは大好評。東海道五十三次図の中で、広重が土地の名産品を紹介しているのは有松の絞りと水口の干瓢《かんぴょう》だけである。

図柄をはじめ考案研究が重ねられ、特産品としても保護されてきた。両側の店から声をかけられてやりとりの末、手拭用に2尺5寸に切らせて買った弥

千鳥塚

平部の常夜灯

次さん喜多さんがその辺から現れそうな街並みだ。

　天明の大火の教訓から萱ぶきを瓦屋根にして、卯建《うだつ》を上げた塗籠《ぬりごめ》造りで類焼を防ぐ手だてがなされている。その重厚な感じが黒・白・茶・灰色の調和した色調で、江戸時代の16棟が現存するという通りが芸術になっている。全国町並み保全連合の発祥地としての誇りをもちつづけている有松に敬意を表したい。日常生活での不便と折り合いをつけつづける努力は並ならぬものがあるだろう。井桁屋《いげた》の店と土蔵・竹田邸の母屋・書院などは、有松を代表する建物である。

　有松・鳴海絞会館では展示・実演・実習などを通じて、何十種類にも及ぶ文様や和の色合いなどの技術の保存普及に努めている。東海道に沿ってすぐ北を、その名もゆかしい藍染川が流れている。

芭蕉の自筆「千鳥塚」

　中島橋を渡ると鳴海だが、橋から見える瑞泉寺の山門は、宇治の万福寺総門を模した見事な四脚門で県指定の文化財である。

　その先相原町千代倉邸（下郷家）は、慶長以来の海道屈指の名家で、文人墨客も訪れた造り酒屋。2代知足《ちそく》は若くして貞門の俳諧を学んだが、後に談林に移り、同じ派の西鶴を訪ねてもいる。

　『野ざらし紀行』の芭蕉を迎えた熱田の俳人桐葉が、旧知の知足の所へ案内したのが初対面だった。寺島安信たち鳴海の名士でもあった俳人が相集い、そこで巻かれた連句の「杜若われ

芭蕉の供養塔

誓願寺

に発句のおもひあり」は、後に知足の付句と一緒に孫学海によって八橋無量寿寺に建てられた。(学海は大雅や蕪村との交流があった)。2年後に再訪し安信宅で催された俳席の発句が有名な「星崎の闇を見よとや啼く千鳥」である。

鳴海は海辺の宿場で星崎は千鳥の名所だった。普通は36句で揚がりだが千句でき上がった記念に、連衆の提案で宿はずれの三王山に設けられた千句塚が「千鳥塚」である。

刻まれている「武城江東散人　芭蕉桃青」も芭蕉の自筆で、存命中に建てられた唯一の貴重なものである。裏には「千句塚」とあり、その下に鳴海六俳人と興行の日付が刻まれている。芭蕉自らも小石を拾って重ねた(宝暦6年の『鳥酔紀行』)。19歳で江戸へ出た頃道路人夫の仕事をしていたともいわれるから、石を運ぶのはお手のものだったかもしれぬ。

芭蕉ゆかりの誓願寺

誓願寺は下郷家の菩提寺で、累代の墓が整然と並ぶ苔むした一画がある。さながら一族が端座対面の儀をしているようである。

境内に「芭蕉翁」とだけ刻まれた小さな緑の自然石がある。連衆の一人如風が住職を務める如意寺で、35日法要が営まれた際に建てられ、後にここ移された。簡素な「芭蕉翁」のみの碑面に、かえって深く凝縮された敬慕の念が伝わってくる。最古の芭蕉供養塔で、碑陰に「元禄七甲戌年十月十二日」と命日が記されている。

その右にたつ芭蕉堂は、安政5年に荷風の祖父にあたる儒学者永井士前《しぜん》らが造営したもの。下郷家の別荘にあった芭蕉手植の杉が台風で倒れ、その古

鳴海宿本陣跡

芭蕉堂

木に彫られた芭蕉像が置かれている。

あまり知られていないが、名古屋・栄にあるテレビ塔の北側橋脚の傍らに蕉風発祥を記念する碑がある。その地の俳人たちと巻いた歌仙から蕉風が興ったとされる。鳴海・熱田・城下町名古屋は、俳諧史上重要な土地である。ちなみに芭蕉碑は東海3県に210（愛知85・岐阜71・三重54）ある。

鳴海城址へ

本陣跡は標札があるだけで、自転車置場になっている。今の国勢調査のような天保14年（1843）の『宿村大概帳』には、建坪676坪半とあり、東海道最大の本陣である。あまりに大きいので誤記ではないかともされ、榊原邦彦翻刻の享和2年（1802）の『鳴海宿書上帳』には273坪とある。東からは尾張最初の宿場で、藩主入国の際の休泊地、朝廷や幕府の高級使者などの接待も多く、いずれにしろ立派な造りの本陣だった。

城址への登り口を尋ねようと、如意寺の前の店2軒に声をかけたが返事がない。東海道筋にはのんびりした気風が残っているのだろうか。

誓願寺の北から上がっていくと根古屋城跡に至る。今川方の武将岡部元信が再三の降伏勧告にも応じず織田方と戦った場所である。首級と引き換えに開城、元信は義元公の首級を奉じて駿河に帰ったとされる。武士の生き様を見る思いがする。

この高台への登り口の道を挟んで東側に成海神社（天神社）の形ばかりの

鳴海入口の瑞泉寺

社がある。石段上に史跡鳴海城址の石柱が建っている。実際はこちらが城跡だとする説もある。この辺一帯が城郭だったのだろう。「京まではまだ半空《なから》雪の雲」など芭蕉句碑が2基ある。道を少し北に進んだ所にもう一つ成海神社がある。朱鳥元年（686）に創建されたのは城址とされる高台の位置だったのが、応永年間築城に際してここへ移転したという。

他にも鳴海宿には俳諧や絞りや祭りの山車や、埋ずもれた文化がたくさんある。掘り起こして町の文化遺産にしようという動きが、市民の間に始まっている。高札場の復元や資料館造り。平部《ひらぶ》と丹下と、鳴海の両入口にある常夜灯に明りを点す計画も進んでいる。

東海道の北の裏道には鳴海11か寺が並んでおり、昔の面影を残す小路にもゆかりの名前をつけたいという。

22

宮《みや》

宮宿（名古屋市熱田区）
人口　10342人
家数　2924軒
旅籠　248軒・本陣2軒

桑名へ七里＝渡海（約28キロ）
現在の最寄り駅　JR熱田駅

名古屋市内唯一の一里塚

どんな用向きで走っていても、天白川を越えて笠寺に入り、二股の分かれ道にある一里塚は見逃すまい。見事な枝ぶり根ぶりの榎の古木は、江戸という時代の名残りの押し花だ。名古屋市内唯一の一里塚である。道路拡張工事などで片側は壊された。

日本に魅せられたドイツ人デザイナーに、「世界に類がなく、私たちが素晴らしいと驚嘆する木と紙と土の文化を、日本人はどうして次々と壊していくのか」と責められたことがある。

調和なき経済性・効率主義は百年の後に逆襲される。イギリスのラウンドアバウトを参考にする知恵をもちたかった。きびしい競争社会を生きる人間も、懐しさという情感に癒され、人間らしい感性を回復する。

隠れキリシタンの墓碑

天平創建の小松寺は兵火や風雨に朽ちて、十一面観音だけが野ざらしになっていた。

鳴海の長者の侍女に信心厚い娘がい

笠寺観音（上）とキリシタン灯籠（左）

て、雨の日には自分のかぶっている笠をかけて拝んでいた。これがその後公卿藤原兼平に見そめられて妻となった玉照姫。二人して再興し笠覆《りゅうふく》寺と名づけた。庶民で賑わう通称笠寺観音だ。

　国重文の色紙墨書妙法蓮華経はじめ、貴重な堂宇・楼門・多宝塔など建ち並ぶ。本道裏にある「星崎の闇を見よとや鳴く千鳥」は、芭蕉の句碑としては名古屋で最古のもの。

　意外なものに宮本武蔵の百年忌供養碑がある。巌流島の後東光院（自作の木刀や書など所蔵）に滞在しており、孫弟子左右田邦俊の子孫や門弟が建てた。ちなみに昭和区新福寺にも武蔵の碑がある。

　境内にいた人に白豪《びゃくごう》寺の場所を尋ねたところ、もっと珍しいどの本にも載っていないものを教えてくれた。織部灯籠といわれているが火袋がない、という。左右に妙西信女、何某信士とそれぞれ複数刻まれているのは戒名だろうが、正面の下に彫られているのは紛れもなくマリア像で、隠れキリシタンの墓碑に違いない。墓石の頭部に線彫りされた文字か記号か、識者に解読してもらいたい。

　聞けば子どもの頃からここを遊び場

裁断橋跡（右）と擬宝珠の銘文（上）

にしていた鈴村恵宣さんは、また「こんな立派な水屋は東海道にないでしょう」という。奨棋板を模した升天井、各3本からなる6本柱には1寸余の面取りがされている。屋根は京都御所と同じ形の勾配が美しい。

裁断《さいだん》橋と堀尾金助の母

この辺りは南にかけて古く年魚市《あゆち》潟と呼ばれた。万葉集の「桜田へ鶴《たず》鳴き渡る年魚市潟潮干にけらし鶴鳴き渡る」に代表される歌枕である。

元桜田はじめ一帯に桜のつく町名がいくつかある。樹齢千年の大楠のある村上神社、桜八幡社、白毫寺と笠寺台地に三か所、愛知県名由来の年魚市潟に関する碑が建っている。

そこを渡ると宮の宿に入る精進川に架かっていた裁断橋は、縮尺されて現在地に復元された川のない橋である。

昔その袂《たもと》にあった姥《うば》堂はお堂・本尊ともに戦災で焼失し、橋の二階に建てられている。

姥像は亡者の衣類を三途の川ではぎとった脱衣婆《だつえば》ともヤマトタケルの母ともいわれ、民間では安産子育ての仏として信仰を集めた。

裁断橋が名高いのは、青銅の擬宝珠《ぎぼし》に刻まれた銘文が日本女性三名文の一つとされていることによる。（成尋阿《じょうじんあ》闍梨母集《じゃりははのしゅう》とジャガタラお春の消息文。野口英世母の手紙も加えて四名文としたい）。

秀吉の小田原攻めに、病の父に代わって出陣した18歳の堀尾金助はこの橋で母に見送られた。陣中で病死した息子を思い悲嘆にくれる母は、老朽化した橋を修築すれば供養にもなると念じた。さらに33回忌に再び架け換えようと、追慕痛恨の情なお裁ちがたく一文を成した（擬宝珠は市博物館に保管）。

ほうろく地蔵

本陣丹羽家

此岸から彼岸へ渡っていったこの橋に立てば、胸のうちに住む凛々しい若武者が現われ対面できたのだ。

てんしやう十八ねん二月十八日に
をたはらへの御ちん　ほりをきん助
と申す十八になりたる子をたゝせて
より　又ふためとも見さるかなしさ
のあまりに　いまこのはしをかける
成　は、の身にはらくるいともなり
そくしんしやうふつし給へ　いつか
んせいしゆんと後のよの又のちまで
此かきつけを見る人は念仏申し給へ
や　卅三年のくやう也

どどいつ発祥之地

敷地の右隅に「都々逸《どどいつ》発祥之地」の石柱がある。数百メートル東にあった大茶屋鶏飯《けいはん》屋のお仲たちが、神戸《ごうど》町で流行っていた神戸節を美声で唱っていた。その囃詞《はやしことば》からどどいつ節といわれ、江戸に伝わって広まった。

昔から近所の人たちが加藤の殿さんと呼んでいた屋敷跡が、一筋南にある。6歳の竹千代が今川の人質として行く途中、織田信秀にさらわれて幽閉されていた。後に家康は金品を贈って謝意を表わしたという。高い塀に囲まれて大木茂り、加藤と並んで預かっている人の表札が架かっているばかりで、今は知る人も少ない。

東海道に戻って西に突き当たると、生きいきした顔のほうろく地蔵がこちらを見ている。左角の建てられた当時（1790）のままの位置に道標がある。西の面に「東江戸かいとう　北なこやきそ道」、北面には「南京いせ七里の渡し　これより北あつた御本社弐丁道」とある。

佐屋街道は岩塚・万場《ばんば》・神守《かもり》・佐屋まで6里、桑名へは川舟で3里。海路

熱田神宮

を嫌う人が利用した脇街道である。美濃路までの途中に柳街道と呼ばれる道があり、信長の軍勢も通った。実は銀座の柳は明治に入ってここ尾張から移されたものであることを付記しておく。

宮の渡しの常夜燈

宮の渡し公園に復元された常夜燈のある岩壁一帯が発着場だった。由比正雪の乱以降夜の航行が禁じられてからは禁止時間を示すために点火された。七里の渡しといわれたが干潮時には沖を通るので十里の遠乗りとなった。75艘の他に干潮時沖まで運ぶ小舟も用意されていた。四日市まで直行する便もあり、桑名との利権争いが見られた。

鐘楼は船出や刻を宿内に告げた鐘のあった蔵福寺のを復元したもの。鐘は廃藩後いろいろな運命を辿りながら、今は境内の一隅に野ざらしになっている。どうして公園の鐘楼に移さないのか、沈黙に耐えている刻《とき》の鐘が痛々しい。

蔵福寺の向かいに林桐葉宅跡がある。熱田の裕福な郷士で、『野ざらし紀行』の旅をしていた芭蕉を迎えて蕉門に入った。芭蕉もよく立ち寄り「熱田三歌仙」ほかを残している。

鳴海の下郷知足を紹介するなど尾張蕉風の開拓者といえる。尾張の歌舞伎の歴史はここから始まったとされる円福寺。1年4カ月という最長記録の漂流の後、二人だけで3年半ぶりに帰った重吉が、瞑福を祈って建てた碑のある成福寺も訪れてみたい。聞き書き『船長《ふなおさ》日記』が最近英訳され、出版された。

海道随一の宿場

鬱蒼《うっそう》と茂る神宮の杜《もり》は海上からも遠

宮の渡し公園

望された。仙人の住む蓬来山伝説も生まれた。城下町名古屋のことを蓬左というのは、京側から見て熱田の左にあたるからだ。

熱田神宮は草薙の剣を祭神とし、天照大神・素戔嗚尊・日本武尊などを祀る、伊勢につぐ格式の神宮。ここを中心に発達した海道随一の宿場で、宮宿とも呼ばれるゆえんである。

室町期に造られた二十五丁橋は名古屋最古の石橋。桶狭間戦勝記念に寄進された信長塀は日本三大練塀の一つ。佐久間灯籠も日本三大灯籠の一つ。国宝・重文・県重文など50点を含む3000余点を収める宝物館もある。

23

桑《くわ》名《な》

桑名宿（三重県桑名市）
人口　8848人
家数　2544軒
旅籠120軒・本陣2軒
四日市へ三里八町（約12・8キロ）
現在の最寄り駅　JR桑名駅

鳥居の上に桜の木が

今は舟から上がることはかなわぬが、伊勢の国への第一歩は一の鳥居から入りたい。タウンウォッチングは人それぞれにカジュアルなものだが、「東海道を歩く」という思いは心ひそかに凛々しく始めたい。桑名にはその気にさせられる趣が随所に残っている。

東海道は宮からの海上7里が往還だったが、陸路佐屋から木曽川3里を下る脇往還もここから上がった。桑名に近づくと旅人にはまず白亜の城や鳥居が眼に入ったことだろう。天明年間に東海道をまたぐように建てられたというから、今の位置とは少し違っていた。

いつの頃からか、20年ごとの遷宮の古材を譲りうけて建て替えられてきた。先々代の鳥居の上に鳥がつくった巣から桜が生えていた。建て替える時に鳥居脇に移植され、「七里桜」と呼ばれている。

伊勢湾台風が渡し場の景観を変えてしまった。近鉄不通のため名古屋までの通勤に船を利用していた人もいたとか、岡田文士さんが撮影の折に聞いたそうだ。海への眺望は損なわれたが、心ある人々の長年の努力と調整で往時の渡し場は復元されることになった。

泉鏡花『歌行燈』ゆかりの地

今回は中村孝さん夫妻に連れてきてもらった。駐車させてもらおうと『歌行燈』ゆかりの船津屋の前の喫茶店に

桑名の渡し跡

船着場と一の鳥居

入った。一日桑名紀行の打ち合わせをしていて、文子さんが壁に少し斜めに時計が映っているのに気づいた。坐っている椅子の足元に小さな仕掛けと光源がある。時計行燈だと思った。さっそくにいいものに出会った。

船津屋は旧大塚本陣跡で明治8年から営まれている老舗である。新築にあたって建物の一部は四日市の法従寺に移されたが、現存する貴重な本陣遺構である。玄関口を掃いていた仲居さんは、裏庭が岸辺に通じて大名たちはそのまま船に乗り降りしていたことなど話してくれた。

石畳のこの界隈は、泉鏡花の『歌行燈』の舞台とされた当時の面影がある。久保田万太郎が新派の芝居にし、また映画化もされている。フィルムがあれば戦前の桑名の情景が映っているだろう。

黒塀の一郭をくぼませて「かはうそ

桑名城水濠

本多忠勝の銅像

に火をぬすまれてあけやすき　万」と、白い散らし書きの句碑がある。石垣からかわうそが上がりこんで燈りを消すいたずらをするという記述が『歌行燈』にあるのをふまえた、余情ただよう万太郎らしい一句である。戦災をうけて今は戦後の建物だが、もとの造りが残され庭の手入れにも心配りされている。

　隣接する脇本陣跡の山月の門脇に奇異な形の石の碑があった。「勢州桑名に過ぎたるものは銅の鳥居に二朱の女郎」と、川喜田半泥子の書だ。空襲の爆風で庭に飛ばされてきた城の堀石で、これは忘れてはならないことである。

　往時紅燈の巷だったここに一世の粋人二人が立ち並び、昔という別の刻に出会うことができるゆえか、訪れる人を佇ませる。

歴史に翻弄された名城

吉之丸コミュニティパークに本多忠勝の銅像がある。家康四天王の一人で、槍の名手だった。

　関ヶ原の翌年桑名城主となるや、町の大改造と本格的な城郭造りに着手した。町屋川・大山田川の流れを変え、その水を外堀や街づくりに活用した。強制立ち退きさせられた住民は困惑したが、この「慶長の町割」は今も桑名の町の基盤になっている。北と東が揖斐川に面して海に開かれた形から「扇城」と呼ばれた。中国の九華扇・「くはな」が桑名に、扇は扇城に通じることから九華《きゅうか》公園となっている。

　園内に森陳明《つらあき》の顕彰碑がある。幕末所司代を務めた藩主定敬とともに在京したエリート。鳥羽伏見で敗北ののち江戸・仙台・箱館と転戦、新選組にも所属した。新政府になって桑名藩の責任を一身に負い切腹、44歳。エリートとはその最後にこそ定まるものである。

春日神社銅製鳥居・西より東方向

九華公園脇のミニチュア53次

官軍によって徹底的に破壊された名城の跡に碑があるのも激動の時代を象徴している。墓は十念寺と東京・深川の霊巌寺にある。

近くの東海道沿いに堀を少し埋めて細長い歴史を語る公園とし、ミニチュア五十三宿が造られている。富士山も三条大橋もあり、いいアイデアだ。

東海道に面した青銅《あか》の大鳥居が桑名に過ぎたるものと唄われた見事な春日神社。不思議に威圧感はなく、優しさを覚える。

入り口に「志るべい志」がたち、左右に「たづぬるかた」と「おしゆるかた」とある。そこに紙を張った尋ね人伝言板ならぬ石は珍しい。

宝暦治水と薩摩義士

宝暦3年（1753）幕府は木曽三川の大改修工事を遠く薩摩藩に命ずる。人も資金も藩が負担する御手伝普請《おてつだいぶしん》である。琉球貿易で富む島津が徳川の対抗勢力となるのを牽制する狙いもあってのこと。

足かけ2年の短期日でよく難工事を克服したが、非道を強いる幕府への抗議の自害も含めて多数の犠牲者をだし、莫大な予算超過にもなった。完成を見届けたあと、責任をとって総奉行平田靱負《ゆきえ》も最後に切腹する。海蔵寺12代住職は手厚く寺に葬った。24名の墓がある。差し違えての自刃といえず、「腰の物にて怪我いたし相果て候」と記した弔い証文が残されている。被害者がそこまで気づかっている一方、この悲劇は明治になるまで伏せられてきた。

墓石を前にして、士の倫理観、今昔の感に痛苦の思いを禁じえない。

街道筋

「その手はくわなの焼蛤」

桑名といえば昔も今も蛤《はまぐり》だ。浜の栗で美味抜群。『東海道名所図会』にも「名物焼蛤。東富田・おぶけ両所の茶店に火鉢を軒先へ出し、松かさにて蛤をあぶり旅客にもてなす。桑名の焼蛤とはこれなり」とある。

　西からの人がすでに、食べてきた後、桑名でここのが一番と押し売りされても「その手はくわなの焼蛤」としゃれた。

　弥次さんも店の女をからかっていて皿をひっくり返し、蛤が懐に入ってしまう。アツツ……と大騒ぎ、へそから下へ落ちて股《もも》引《ひ》きの前割れからポタリと出てきて、喜多さんが「まずはめでたくご安産」とふざける場面がある。

　桑名は寺の多い落ちついた街である。芭蕉も佳句を残している。本統寺で詠じた「冬牡丹千鳥よ雪のほととぎす」の碑が寺に、また、伊勢湾台風で地蔵堂とともに流されてしまった「明けぼのや白魚しろき事一寸」の句碑が龍福寺の傍に再建されている。

　古くから鋳造が盛んで、矢田町の海道沿いに大小三つの鐘が置いてある中川梵鐘店、それがなければ見過ごしてしまう。「大本山　永平寺梵鐘　伊勢桑名之住　冶工中川裕次造」と4行に大書された板が中に架かっていた。近くの一目連神社は鍛冶屋の守り神という。

名庭園・六鹿苑

　町屋川の堤防に海道一かと思われる大常夜灯が建っている。これは昔の灯台である。橋の辺りはそれぞれに装束をまとった筏士《いかだし》や旅人が休む茶店が並

中川梵鐘店

んでいた。眼をつむると江戸時代の往来が見えてくる。

六鹿《ろっか》苑も貴重な文化遺産である。弘化生まれの桑名立志伝中の人物諸戸清六の屋敷。海水の干満で水面が上下する池を造った。何度か増築された御殿など、一部戦災をうけたが、江戸時代の様子は残っている。和洋連結された洋館の設計は鹿鳴館と同じくコンドルの設計。現存する彼の建築は少なく、東海地方ではここだけ。洋館・和館ともに国指定の重用文化財である。

24

四日市《よっかいち》

四日市宿（三重県四日市市）　石薬師へ二里半九町
人口　7114人　（約10・9キロ）
家数　1561軒　現在の最寄り駅
旅籠98軒・本陣2軒　JR四日市駅

富田の一里塚

室町時代に浜田城の北側で市庭《いちば》を開いたのが始まりで、16世紀には四のつく日に定期的にたっていたとか。四日市の由来である。また、伊勢参宮への分岐点であり、宮と四日市とを結ぶ海上10里の渡船もあり、交通の要所だった。

嘉永7年（1854）の地震で港は壊滅的な被害をうけ、その後廻船問屋稲葉三右衛門が整備に力を注ぎ、明治17年に新しい港ができ、今の四日市の出発となった。

富田の一里塚とはよくいわれるが、その辺りはかつて立場《たてば》だった。かごかきが杖を立てて休んだ所で、旅人も足をとめたので茶屋などができた。道を間違えたのか、JRや三岐鉄道も走っていて解りにくかったが、近鉄のガード南下に富田一里塚跡の石碑がたっていた。

今は何の変哲もない所、「富」でなく「冨」の字が刻まれているのに気づいたのが収穫で、見つけにくいのが貴重かと自嘲した。

奈良時代創建の長興寺

富田の長興寺の創建は古く奈良時代。『血煙荒神山』のヒロインのモデル加藤ことの墓がある。

吉良仁吉の子分神戸の中吉の恋人だったことをめぐっての恋争いが、神戸と桑名の縄張り騒動に発展した荒神山

近鉄赤堀駅近く東海道筋の薬種屋

東海道筋の笹井屋前から北方向・奥に三滝橋

事件。埋もれたままにしておくのは惜しい才女、それゆえに見初められた女の複雑な生涯。加藤家累世の墓を自ら建てている。近くに住む曽孫にあたる稔さんに案内してもらった。

　近くの善教寺には国指定重要文化財が二つある。玉眼・漆箔を施した桧材寄木造りの優美な阿弥陀如来立像（鎌倉初期快慶作）と、胎内にあった摺仏《すりぶつ》・作善日記。

　三滝橋の手前から宿場に入る。広重の三重川（美滝川）に見える湊近くの集落の屋根と帆柱に代わる臨海コンビナート群に、発展する近代四日市の姿を見る。桑名と同様はまぐりもよく採れたし、諸国の物産の集散港だったことなど、それこそ煙に巻かれてしまう。橋の下の護岸散策路には広重の作品や昔の絵画の陶板が並んでいる。

手差しの道標

名物なが餅をほおばって

時代をしのぶのなら東海道有数の名物なが餅がいい。４５０年前に日永の里にちなんで永餅（形から牛の舌とも）を始めたが、笹井屋は戦後今の場所に移った。

藤堂高虎が青雲の志を抱いていた足軽の頃、この美味に感心、武運の永き餅を食べたのは幸先よしと喜んだ。出世して大名となり勢州津に転封されて以来、参勤交代の折は立ち寄るなどお気に入りだった。

30年ほど前に何も知らずに食べた時、甘い、美味しいと思った。甘さひかえめの世情に合わせたのだろうが、餅であんを包み少しこげめをつけた素朴な菓子には、あの甘さがいい。旅人のあいだでも好評だった。

ユニークな道標

諏訪町の手前で東海道はちょっとだけとぎれるが、旧町名南町にユニークな道標がある。片面に「すぐ江戸道」、片面に「すぐ京いせ道」と深く彫ってあり、さらに丸の中に人差し指で方角を示す手が二つ彫られ、それぞれ指の下に「京いせ道」「ゑど道」と彫ってあった。

「すぐ」というのは「まっすぐ」の意味だろう。ただ指さしている方角が道路と合わないから、もとは別の場所に建っていただろうと思われる。「文化七庚午冬十二月建之」とも刻まれている。２００年ほど昔にもすすんだデザイナーがいたものだ。この地方では桑名などにも同じようなレリーフがあるそうだ。

道標の先から国道を横切ると諏訪神

丹羽文雄生家跡

社に出る。街中とは思えぬ静かな神域だ。この辺りは空襲で焼かれているから社殿も戦後に建てられているが、長く信仰を集めてきた氏神さんゆえか落ちついたたたずまいだ。創建は建仁2年（1202）というから浜田村と呼ばれた小さな集落だった四日市開拓時代のこと、信濃国の官幣大社諏訪神社の御分霊である。

　お狐さんを据えた政成稲荷、御神木楠の大樹、伊勢神宮の遥拝所、津出身の山口誓子の句碑もある。

　銅の鳥居前からは商店街で、アーケード付きの東海道、今、弥次喜多を歩かせたらどんなパフォーマンスを見せてくれるだろうか。

築150年、風格ある薬店

　浜田郵便局に並んで「丹羽文雄誕生の地」の碑がたっており、正面には「崇顕精舎　文雄」と直筆で刻まれている。少年の日を過ごした寺である。『親鸞』『蓮如』などを代表作とし、また艶熟した女の愛欲の世界を描いて文化勲章を受けている。清冽な抒情的恋愛ドラマで井上靖が登場すると、銀座の女給が丹羽派井上派に分かれて夜の話題を賑わわせた。

　近鉄名古屋線を渡ってしばらくすると内部《うつべ》線と平行して赤堀駅の近くに鈴木薬局（旧鈴木製薬所）がある。東海道沿いに残る古い家の中でも際だって風格のある構えだ。嘉永年間だから築150年の家である。

　「赤万能即治膏」や「萬金丹」など膏薬を売り物にして250年もつづき、今も薬局を営む店は東海道筋では希有だろう。11代の当主に尋ねてみたが「さあ、よく知りません」とのこと。系図によれば4代勘三郎高春が寛延3年（1750）長崎に赴いて漢方を伝

日永追分・東海道側から伊勢街道方向

授されたといわれる。土蔵とともに薬をつくった作業場があり、薬研《やげん》などの貴重な道具類も保存されている。

伊勢街道への分岐点

鹿化《かばけ》川、天白川の辺りは鈴鹿山系が遠望できる。同行の中村君が「臨海工業都市のイメージだけじゃないんですね」という。「まだまだ、追分を過ぎて杖衝坂まで……」「芭蕉が落馬した所ですか」。話がはずみ文子さんに運転交代。決して順番が回ってこない私は倖せ者だ。

解りにくかったが不動明王立像（国指定重文）のある大聖《だいしょう》院と、信長・秀吉・家康に重要視された興正《こうしょう》寺を探訪した。

日永の追分で東海道は伊勢街道と分かれる。

茶店や旅籠、商家も並び賑わった所で、宿と宿の間のそういう所を間《あい》の宿といった。本宿より安く泊まれるので旅人に喜ばれた。

弥次喜多も参宮のため伊勢へ向かったが、ここの茶店で金比羅参りの男と名物饅頭の食べ合いの賭をしてだまされる。『東海道中膝栗毛』がベストセラーになったのに気をよくして、作者十返舎一九は上方、さらに金比羅参りまでさせて続編を出した。三角地帯は小さな茂みになっていて、神宮遥拝の大鳥居や常夜灯、水屋などもある。

江戸に店を持った久居出身の渡辺六兵衛が、伊勢出身の同志を募って安永3年（1774）に鳥居を建てた。維持費として寄進された私財百両を基として地元は神宮式年ごとに建て替え、今は9代目の鳥居だ。日永の追分は歴史のいい香りのする風景である。

芭蕉・杖衝坂の句碑

内部《うつべ》橋から見える杖衝坂で、そこから西方にかけてヤマトタケルの伝説が残っている。

伊吹山の神にうち負かされて大和への帰途、傷ついた足から血を流し、剣を杖にして急な坂を上った。『古事記』に「吾が足三重に勾如《まがりな》していたく疲れたり」とあるのが県名の語源といわれる。

坂の途中に「史蹟杖衝坂」の碑と、芭蕉の「歩行《かち》ならば杖つき坂を落馬かな」の句碑には屋根がついていた。貞享4年（1687）ここを旅し、日永で借りてきた馬から落ちてしまった時の即興だが、季語も落としてしまった一句である。芭蕉は伊賀上野の出身。

25

石《いし》薬《やく》師《し》

石薬師宿（三重県鈴鹿市）　石薬師へ二五町
人口　９９１人　（約２・５キロ）
家数　２４１軒　現在の最寄り駅
旅籠15軒・本陣３軒　名鉄四日市駅

名刹・石薬師寺

四日市・亀山間は5里を超え、海道一の長さだったので、元和2年（１６１６）新たに設けられたのが石薬師宿。高富村は33軒しかない農村だった。隣の上野村を合わせても50軒たらず、近在から人数を集めてやっと１８０軒余りで発足した。

宿名の由来は石薬師寺による。奈良時代に泰澄がこの村の森に十二神将が立ち現れたのに遭遇して感悟、堂宇を建立した。その時出現した巨石に、後に泰澄の跡を慕ってきた弘法大師が「一夜のうちに爪で彫られた」と寺伝にある。古くから名刹として知られ、参勤交代の大名は必ず参詣したといわれる。現在の本堂は寛永6年（１６９２）に再建された総桧造りの珍しい建物である。

中世までは広大な寺の境内にあったと思われる蒲《かば》桜（逆さ桜とも呼ばれる県指定天然記念物）と御曹司社（地元の人は「オンゾッさん」と呼ぶ小さな祠で、蒲冠者源範頼の墓）、どちらも今は民家に囲まれている。

蒲桜と義経桜

一日、「東海道石薬師・庄野語りべの会」の北川英昭さんと河野正枝さんに案内してもらった。

リーダー格の北川さんは熱心な郷土史研究家で、「蒲冠者範頼伝説」という小冊子で蒲《かば》桜について綿密な検証を

石薬師寺本堂

蒲冠者範頼之社

重ね通説に異をはさみ、これは「義経桜」ではないかとされている。

範頼が異母兄頼朝から平家追討の命を受けてこの地を通った時、石薬師如来に戦勝祈願し、桜の鞭を逆さに地に挿した、それが見事な山桜に成長したというのがその伝説である。

ゴッホの「タンギー爺さんの肖像」はバックに6枚の浮世絵が描かれていることで知られているが、その1枚が広重の「竪絵東海道」石薬師である。その絵には桜が描かれており、広重が標記した「義経さくら」の文字もゴッホはそのまま描いているのだ。

石薬師には蒲桜と義経桜2本の桜があるのか、名称が2通りあるのかくらいに漠然と思っていた私ははっとした。蒲冠者範頼は石薬師で戦勝祈願をしていない、ここを通ったのは異母弟の義経だろうと北川さんは推論する。そして『五海道中細見記』なる旅行ガイド

一里塚

に「牛若丸むちさくら」と記されていることも傍証として挙げている。

数奇な運命をたどった源氏の兄弟たちの織りなす物語の一齣に光彩を添えて、歴史のロマンが広がって興味深い。さらにゴッホも描いているとあれば、それは時代だけでなく海を越えて波うつ。今もひっそりした佇まいの石薬師だが、他にも貴重な史話・伝説が埋もれている。

迷いながらも歩く

海道筋の西を歩めば謎の前方後円古墳が眠っており、野づらが広がり、昔の人が眺めた通りの鈴鹿の山並みが見える。古代の、鎌倉期の、そして今に残る江戸の東海道も地形の変化や川や橋の改修もあって所々消えている。

しかし、慌ただしい現代とは違う刻の流れを辿ることができれば心癒される。歩くことだ。案内役がなければ迷いながら歩くことだとつくづく思う。石薬師の氏神大木神社に出ると、緑秀という言葉が浮かぶほど椎の木の新緑がまばゆい。

名馬生喹《いけずき》ゆかりの地

源平盛衰の絵巻には数々の名場面があるが、佐佐木高綱と梶原景季による宇治川の先陣競いもその一つ。小学校の教科書にも載っており、子ども心を跳らせた。頼朝に所望之を尽くして名馬生喹を拝受した高綱が、磨墨《するすみ》に乗った景季に勝って義経軍の勝利に貢献した。その生喹が、先述した石薬師宿の南続きの加宿上野村の産であることが『東海道名所図会』巻二に記されている。

佐佐木信綱生家

佐佐木信綱産湯の井戸

石薬師宿の小澤本陣から出た国学者萱生由章《かようふみあき》が編集者の一人である『三国地誌』によれば、宿の西隣の山辺村の長者が名馬を買い求めて駒之渕の水で育て、頼朝に献上したらしい。記述に多少のずれはあるが、希代の名馬生唼はこの地に縁深いことなど北川さんに教わった。あまり知られていないが、山辺村は万葉集にも詠まれており、山辺赤人も住んでいたという。他にも腕貫《うでぬき》椿（逆さ椿）なる伝承などなど多々あって、北川さんの歴史ロマン未開の森の探索はこれからも究められていくだろう。

佐佐木信綱記念館へ

小学校の近くに、生家と資料館と並ぶ佐々木信綱記念館がある。名馬生唼の名を歴史に刻んだ佐佐木高綱はその高祖で、幸綱（俵万智の師）まで6代続く随一の歌の家だ。信綱は幼い頃から父弘綱の薫陶を受けて大成した。万葉集の泰斗であり、近代歌壇の重鎮であった。昭和37年に第1回の文化勲章を横山大観、幸田露伴らと受賞している。

こう書いてくると近寄り難い巨人のようだが、戦前の小学校唱歌〈卯の花の匂う垣根に……〉と口ずさんだ「夏は来ぬ」や「水師営の会見」の作詞者でもある（「匂う」は「咲き映える」の意味）。また、賀茂真渕《かものまぶち》と本居宣長《もとおりのりなが》の出会った「松阪の一夜」の一文は、私たちも教科書で習ったものだ。

記念館の展示は信綱だけでなく、周辺の貴重な資料がよく整っている。歌誌「心の花」が平成15年1月で1251号を数えるのも壮観というほかない。万葉集を世界に発信し、「日本が滅びても万葉集は残る」といい、「ひろく

石薬師の町並

ふかく　おのがじし」が信綱の学問・芸術の標語であった。歌の制約を取り払い、自分の個性を出し、心こめて生活感を歌うのを奨めた。難しいことをやさしく語る人こそ本物といえよう。

小学生手づくりの「卯の花新聞」を出し、卯の花サミットを開き、地域の人の協力を得て８０００本の挿し木をするなど、歌の心が里づくりに受けつがれているのは何よりも心強い。

本陣跡のたたずまい

近くに本陣跡が残っている。建物は明治初期に古材を使って建て替えられたもので、雰囲気は漂っている。「御休」として浅野内匠頭の名が記されている宿帳や、伊勢山田奉行だった頃の大岡越前守忠相が書き残した扇など、貴重な品々が保存されている。

江戸時代庶民の旅は活発になっていくが、一番のお目当てはお伊勢参りだった。東から来る人は四日市日永の追分から、西からは関から行くのが普通だったので、石薬師・庄野は旅籠も少なく、宿場の経営は苦しかった。

広重「石薬師」をしのぶ

広重の「石薬師―石薬師寺」（保永堂版）は、宿場とはいえ稲作農業が大

石薬師宿　本陣跡

半だった情景をよく伝えている。なだらかな里山の向こうに監色にぼかされた遠山と空を配し、手前は寒々とした冬田の一景。細い道を馬で行く人歩く人。道の先にほの見える石薬師寺の白壁。右手へ回って宿場の家並みが里山の裾へ続いている。左の寺の門の前に高い樹々を配して構図を引きしめている。誰でもない、「時代」が丹精して創ったとしかいいようのない風景である。どこにでもあったこういう風景を併せ持つ「近代」こそ人間を倖せにするものであろうに。

黄色い稲塚の周りで働く農夫を見て、私はミレーの作品を連想した。

26

庄《しょう》野《の》

庄野宿（三重県鈴鹿市）　亀山へ二里（約8キロ）
人口　855人
家数　211軒　現在の最寄り駅　JR加佐登駅
旅籠15軒・本陣1軒

海道で一番小さな宿場

東海道に伝馬継立制度が確立された年に設定されたのは四十数宿だった。翌慶長7年（1602）に岡部、9年に戸塚、元和2年に袋井と石薬師、4年に箱根、9年に川崎と順次追加され、庄野に設けられて五十三次となったのは寛永元年（1624）のことだった。

華厳経《けごんきょう》を信奉していた家康が、その中に出てくる53人の聖者を意識していたともいわれる。家康は元和2年（1616）に死んでいる。

もともとこの地に住んでいた36戸に、鈴鹿川東岸の70戸を移転させて造らせたささやかな宿場だった。古くから「草分け36戸　宿立て70戸」といわれたゆえんである。

当時の庶民の旅のお目あては多くお伊勢参りだった。東からは四日市日永の追分から、西は関から伊勢道に入る。その間の石薬師と庄野は、『宿村大概帳』によればともに旅籠15軒という海道で一番小さな宿場だった。

広重の東海道五十三次の白眉

関西本線の加佐登駅を降りると、まばらに家々があり、小さな工場なども見えるが、日本の田舎の原風景がひろがっている。北の方にヤマトタケルゆかりの加佐登神社や白鳥古墳がある。

駅から南西に少し歩くと東海道に出て、取り残されたよう宿場の通り。格

庄野宿資料館

庄野宿本陣跡

子戸の上に二重の庇をのせた家並みが古い表情を見せている。さらに庇の下に小さな板塀のようなものが下がっている家もある。「キリヨゲ」と呼ばれる霧除庇《きりよけひさし》だ。

ケンペルの『江戸参府紀行』に〈庄野という村の少し手前の森の茶屋という小さな村でにわか雨に襲われ、一里余りを軒にくっついて雨をよけて進まねばならなかった〉とある。

海道の西と東に3尺ほどの水路が造られた。排水路であると同時に防火対策でもある。どこの宿場も悩まされた大火が庄野にはなかった。宿の南側には土手を盛り、水害対策も講じられていた。

広重の「東海道五十三次」の白眉として推す人が多いのは「庄野　白雨」である。白雨とは夕立のこと。突然降りだしたにわか雨の中、竹藪茂る坂道を駆ける籠かきの足並みがそろわず、

領界石。右・これより東神戸領、上・これより西亀山領、とある

あわてて合羽をかける様子が活写されている。反対に下っていく農夫とおぼしき男の蹴り上げる足と、つぶされそうな雨傘。籠の客が揺り落とされぬようしっかり抑えている指先きもまでもよく見える。背景の右下を暗くして民家を描き、左上へかけて3段に濃淡をつけ、雨脚の斜線を巧みに組み合わせている。竹林をざわめかす雨の音が聞こえてくるといわれる名画だ。

　林春斎の『癸未紀行』に描かれた庄野の情景の中に、「滂沱《ぼうだ》甚至輿丁《よちょう》奔る」という一文が見られる。（激しい雨がざーと音をたてて降りだし、籠かきが走りだす）、正に広重描くところの「白雨」の景である。

　ただこの作品の面影を残す場所が、今日の庄野には見つからない。資料館運営委員会の岸田総司さんによると、推定される場所が三か所あるが、たぶんここだろうと意見はまとまっているそうだ。ひょっとすると、竹林の坂道があって『癸未紀行』の1行からの画家の想像により生まれた作品かもしれぬ。

　動の名作「白雨」と並び称される静の名作「蒲原　夜之雪」も温暖な駿河にあの深い雪景色はない。北越の蒲原の深夜の雪景色を、同じ地名の東海道の蒲原におきかえた、これも画家のイマジネーションの世界かもしれない。

油屋・小林家を資料館に

　古く油屋だった小林家から鈴鹿市に寄付された4棟の建物が、庄野宿資料館として平成10年に開館。本陣・脇本陣・問屋場文書、宿駅関係の資料や日用の民具・農具が展示されている。海

焼米

油屋の建物を利用した資料館内

道の風情が年々失われていく中で、江戸時代をしのぶようすがとなる。

299坪の本陣の間取図や貴顕大名たちの名前が記された宿帳。本陣と脇本陣の間に設けられていた高札場の5枚の大きな高札は出色である。

天和2年（1682）から幕末慶応4年（1868）に至る人馬賃銭の値段表や、法令・禁令が墨書されている。毒薬・博打《ばくち》の禁止から、忠孝・夫婦の道に背く者は罰するという徳育の掟まである。板が風化してやせるので墨の文字が陽刻のように浮き出ている。

一隅に大黒屋光太夫の珍しい掛け軸があり、え?と思った。鎖国時代にロシアに漂着して数奇な運命をたどった白子の漁師で、井上靖の『おろしや国酔夢譚』の主人公、若松小学校内に資料室がある。鈴鹿市は海あり山ありの細長い地形だった。

名物・焼米

庄野には珍しい名物焼米《やきごめ》（火米）があり、林羅山の『丙辰紀行』や『東海道名所記』などに出ている。握りこぶしほどの大きさの俵に入れて民家で売っていた。旅人は土産に、あるいは携帯食として買っていく。籾《もみ》のままほうろくで炒《い》り、臼で平たくつく。岸田さんは「梅の花のごとく、桃の花のごとく」と昔から聞いているそうだ。米の花びらだ。

もみがらや糠《ぬか》をふるい落とす。俵を青紫の紐で締めて鼓《つづみ》の形にする。焼米は奈良時代の文献にも見えるし、平安朝の『今昔物語』にも出てくる。庄野ではこれを作る人はいなくなってしまったが、先頃文献やいい伝えをもとにして婦人会で試みたそうだ。

俵・米・梅桃の花びら、どれをとっ

女人堤防の碑

ても縁起がいい。最近は結婚式の引出物にカタログが入っていて好きな物を選ぶという、合理的といえばそれまでだがお心入りではない。庄野の歴史的名産の焼米は縁起物として使えるのではないか。五つ六つ重ねれば正月や誕生日などの祝いごとの床飾りにしても見映えがする。町おこしのグッズとして復活させてはと、先にNHKで放送した時に呼びかけたが、その後すすんでいるだろうか。

　東海道400年で宿場ウォークラリーや小学生の宿場探訪など企画された。資料館の河野正枝さんや内山四七重さんも語り部を務めたそうだ。二人ともいつ行っても親切に対応して下さる。

女人堤防碑のあわれ

　宿はずれにスダジイの巨木生い茂る川俣《かわまた》神社がある。幹回りは5メートル余か、1枚1枚大きな葉が空をおおう神木。枝葉末節という言葉が的外れなほど、枝も葉も見事である。

　その先を進んで汲川原に入ると「従是東神戸領」の領界石と並んで大きな女人堤防碑が建っている。鈴鹿川と安楽川の合流地点で、近くに小さいけれどよく暴れる芥川もある。

　水害に苦しむ領民の築堤の嘆願も、城下の浸水を恐れて許可されない。男が打ち首になっては暮らしがたたぬとして、きく女が音頭をとり、女だけで樹木に隠れて闇夜に作業をつづけること6年。しかし禁を犯したとして最初にきくが処刑されようとした時、早馬が駈けつける。家老の死を賭《と》しての諫《かん》

言《げん》により赦免。かえって金一封を賜わったと碑文にある。資料の存在しない伝説で、何人かは断首されたという口伝えもある。

文政期に村人が築堤工事を行った際、女性が多く参加した。それがこういう話になったのではないか。(『鈴鹿市史』)

両側に薮椿《やぶつばき》生い茂る堤防を歩きながら、椿は花ごと落ちるゆえ武家では忌み嫌われたということを思った。

鈴鹿川沿いに点在する六つの川俣神社のうち三つが庄野にある。本殿は海道に背を向けて、というより川の分水嶺や合流地を見守るように建てられている。洪水に苦しめられた村人の祈りの形を見る思いがする。

27

亀《かめ》山《やま》

亀山宿（三重県亀山市）　関へ一里半（約6キロ）
人口　1549人
家数　567軒　現在の最寄り駅
旅籠21軒・本陣1軒　ＪＲ亀山駅

ヤマトタケル終焉の地

ＪＲ関西線を降りると、見上げるほどの大鳥居が建っている。駅前正面に奇異な感じがする。笠木と横木の間に架かる額の字が読みづらい。地名をはめていくと能褒野神社。東海道沿いに二の鳥居があるから多分と推測したとおり、店でもらったマップで一の鳥居だと知った。

亀山の北東能褒野《のぼの》は傷ついたヤマトタケルが終に命はてた地。「倭《やまと》は国のまほろば　たたなづく青垣　山隠《ごも》れる倭しうるはし」「愛《は》しけやし　吾家《わぎえ》の方よ　雲居起ち来も」と詠んで没した英雄の霊は、白鳥と化して故郷の方へ飛びたったとされる。能褒野御陵は白鳥御陵とも呼ばれる。

亀山城の変遷

東海道を鈴鹿から亀山へ入ると「従是神戸白子若松道　元禄三年」と刻まれた、市内では最も深い和田の道標が見える。道路拡張工事で削られ、平成5年に復元された一里塚を過ぎるとやがて江戸口門跡。町の人がお城と呼ぶ多門櫓を右に見て、城下特有の折れ曲った道が京口門までつづく。鈴鹿川を見下ろす自然の地形を利用して築城された坂の多い町である。

古くここの北西に城が造られたのは鎌倉時代だが、（若山城・亀山古城）今は跡形を残さない。以後城をめぐってエキサイティングな変遷がある。下

亀山城多門櫓

東町商店街　東海道の枡形

って300年、天正年間に亀山に入った岡本宗憲（良勝）が、今の本丸町の辺に濠を営んだ。三層の天守閣・本丸・二の丸・三の丸を配した立派な亀山新城で、通称亀山城である。

天守閣秘話

家康は将軍宣下の帰路はじめ、少なくも3回は止泊している。秀忠、家光らも泊まっており、いわば幕府旅館亀山城である。むろん城下は幕府直轄領だった。ところが寛永9年（1633）三宅康盛が城主になった時、幕命により天守閣が取り壊されている。

教育委員会の亀山隆さんに伺うと、丹波亀山城の天守解体の命を受けた堀尾忠明が伊勢亀山城と間違えたとのこと、資料もいただいたがにわかには信じ難い話だ。禄高には不相応としての処置だったが、体面をとりつくろった

江戸口門跡

亀山城多門櫓

作り話との説もあり、謎は残る。

その後三河西尾から入封した本多俊次が城の大改修をし、多門櫓もこの時完成された。

今はなき京口門をしのぶ

東海道は城下町をいくつも通っているが、城の大手門が海道に面しているのはここだけである。軍事施設というより政庁としての機能を重視したためかともいわれる。

野面石《のずら》（自然石）を牛蒡《ごぼう》積みにした、中くぼみの扇形の石垣は、秀麗にして緊密。築城土木技術だけでなく、勤勉真摯、工人の高い倫理観なくしては成しえぬ芸術である。微塵の手抜きもない情熱に圧倒されて快く、頭の下がる思いである。

陽光風雪を受容し、４００年という刻とともに在る石垣、共生とはこういうものかとつくづく思う。大改修された城全体に連なる黒板張りの多門櫓や塀に映える白壁が、蝶の群舞する姿を思わせるところから「粉蝶《こちょう》城」の別名がある。

京口門は宿の西の玄関口にあたる番所だった。「亀山に過ぎたるもの二つあり、伊勢屋の蘇鉄と京口御門」と旅人のあいだで評判だった。石垣に冠木門、棟門、白壁の番所を構え、東海道に面している城の警護の任を江戸口門とともに固めていただろう。このような門は他の宿場には見られないだけに、遺構をとどめぬのは念を残す。

国指定史蹟・椋の一里塚

広重の「雪晴」はこの辺りから、急斜面の石垣と城を見上げて構想された図柄であろう。沈々と降りしきる蒲原の「夜之雪」と双璧をなす雪景の名

長屋門

椋の一里塚

作。石垣の上に聳える城門を右上隅に置き、左下には雪積む家々の屋根を並べ、三条の斜めの描線で結ばれている。

中央の天を衝かんばりの高樹が画面を引きしめる。その間を黙々と登っていく大名行列が見え隠れして動きを添える、とされる。左上天空の紺と地平の朱、右下は一面の雪でたっぷり余白をつくる。何という大胆斬新な構図か、ヨーロッパの人々が驚嘆したのも無理はない。雪後の爽快な朝焼けの城下の景に浄福感さえ伝わってくる。

竜川の小さな橋を渡って進むと慈恩寺がある。石仏のほか仏像も多いが、阿弥陀如来立像（国指定重文）にお目にかかれるのは何よりだ。桧一本造りの温顔、切れ長の眼に魅かれる。肉づきゆたかで、少り反り身の姿は迫力がある。衣の渦に平安初期の特徴を備えているという。

京口門跡から約1キロの所に野村の一里塚。土塁の上に樹齢380年の大椋《むく》が亭々と聳えている。古く奈良京都の道には桃や柿、栗などの果樹が植えられたという記録もあるが、東海道の一里塚はほとんど榎《えのき》で、まれに松や杉が植えられた。現存する椋の一里塚は野村だけで、18メートルの巨木の塚は国の指定史蹟である。残ったのか残したのか、人間と科学を超えた自然の威厳を感じる。

かつてここに足をとめ、西に東に通り過ぎて江戸という時代の中に消えていった無数の人々。私たちもここに佇んで、しばし猥雑な現代を滅却すれば、

石井兄弟仇討ち碑

東海道４００年のさまざまな事象事件への静謐な追想に耽ることができよう。

ユーモラスな昼寝観音

芸濃町で昼寝をしていたばっかりに33番の中に入れてもらえなかったという、ユーモラスな昼寝観音を過ぎて西へ進むと、東海道で一番その景観を残している大岡寺畷に出る。鈴鹿川の北堤2キロ、かつての松並木が今は桜の名所になり、伊吹下ろしの通り道だ。鈴鹿川の情景は、源氏と六条御息所の悲恋の歌に詠まれて『源氏物語』に見られる。

石井兄弟仇討ちの碑

東に行き返して町中へ。家老屋敷の遺構加藤家は見逃がせない。長屋門はじめ江戸中期の建物が現存、宿場を通った人々の記録や日記の類など貴重な資料も今は歴史博物館に展示されている。

池の側《かわ》の近くに石井兄弟仇討遺跡の碑がある。曽我兄弟、鍵屋の辻と並んで初期の江戸歌舞伎三大演目だった。

戦場で武勲をたてる機会もなくなった武家社会において仇討ちは武士のアイデンティティ、時代精神を示す行為だった。江戸町奉行に仇討嘆願書を出すのが慣わしだった。４人兄弟が父の敵《かたき》を狙うのだが、返り討ちなど紆余曲折をへて、赤堀源五右衛門が名を変えて亀山藩に仕えているのをつきとめる。本願成就するまで30年近い両家の遺恨はつづいた。

江戸町奉行は兄弟の挙を賞賛したという。赤穂浪士討ち入りの1年前のことだった。

東町商店街には屋号を記した案内板が

亀山のお土産

西町を歩いてみると、おうぎや・わたうちや・かじや等々板書して吊してある。昔の屋号・商売だろう。のどが乾いたので店に入って話をすると、先祖が殿様と一緒に三河から来たという。そういえば亀山藩へは何人もの城主が三河から入封している。刈谷から来た身には亀山がにわかに身近かに感じられた。

親近感といえば若い頃愛読した志賀直哉の『暗夜行路』に亀山が出てくる。主人公の亡き母の郷里で、道を掃いている50余りの女のたしなみある仕草に親しい気持ちをもつシーンだった。

お土産にアロマライトとハーブキャンドルを買った。亀山の洋ローソクは国内シェア75パーセントだそうである。

28

関《せき》

関宿（三重県関町）　阪之下へ一里半六町
人口　1942人　（約6・6キロ）
家数　632軒　現在の最寄り駅
旅籠42軒・本陣2軒　JR関駅

古代の三関のにぎわい

大化2年（646）この地に鈴鹿関が置かれた。美濃の不破、越前の愛発《あらち》とともに古代の三関であった（ちなみに愛発は平安時代に廃されて近江に逢坂関が設けられる）。大和に異変が起きると鈴鹿の関は封鎖された。室町時代に入って関所は地蔵院の近くに設けられて門前町として栄えたが、信長によって一時廃止される。関所跡については諸説あって祥らかでない。何度も場所が変わったとも考えられる。

大名行列の多くは城下町の亀山を警備上の理由から避けて隣の関に泊まる。西からくる旅人は鈴鹿峠を越えてほっと一息という事情もあって、東海道関宿は大いに賑わった。

東の追分から伊勢別街道が始まり、神宮の一の鳥居がある。大和街道は西の追分から分岐する。その間16丁（1・8キロ）、棟を連ねる400戸のうち古いものは18世紀後半天明の頃に、半分以上は江戸末期から明治中頃にかけて建てられたもので、ここほど東海道の町並みを残している所はない。

海道の歴史を刻む町並保存

軒を深く前に出しているのは、雨の時旅人が軒下を歩けるようにしたものだ。廂の下に取り付けた幕板は雨風から店先を守る。弁柄（紅殻）塗りの蔀《しとみ》やくぐり戸、バッタリと呼ばれた見せ棚は商品を置いたり、旅人が腰かけた

百五銀行と旧街道

西の追分案内板

りした。江戸末期に普及した様式だった。玄関の柱には牛や馬をつなぐカワノブという金具も見られる。鶴・亀・竜・鯉の滝上りなどの漆喰彫刻や細工瓦には、家運繁栄の願いがこめられている。

昭和59年、「関町関宿重要伝統的建造物群保存地区」として、東海道で唯一国に指定され、歴史的景観保存に町ぐるみで取り組んでいる。海道筋の電柱電線は取り払った。研究熱心なボランティアの会があり、申し込めば案内してもらえる。

「関で泊まるなら鶴屋か玉屋、まだも泊まるなら会津屋か」と伊勢参りの旅人に人気の旅籠の一つが修復され、「関宿旅籠玉屋歴史資料館」となっている。往時200人は泊まれたという内部は、客部屋、板の間、階段とつづき、家具内装も興味深い。車で来たことなどすっかり忘れさせて圧巻、宝珠

地蔵院

玉屋資料館の虫籠窓

玉の紋様の入った食器が朱塗りの膳に並べられている。そういえば正面二階の白壁に玉から火焔の上がる意匠の虫《むし》籠《こ》窓がしつらえてあった。聞けば玉屋の屋号にちなんだものという。坪の内をはさんで立派な離れもある。

「関まちなみ資料館」で休憩

この向かい側は「関まちなみ資料館」、こちらは町屋建築の様子が見られる。近年京都でも町屋が人気を呼んでいる。土地の気候風土に配慮されたさりげない合理性に、暮らしの知恵がしのばれる。

眺関亭はちょっとした庭園があるだけの見晴らし台だが、二階からの眺めがいい。鈴鹿の低い山並みに向かって右へゆるやかにカーブする海道を屋根越しに一望できる。こういうビューポイントを持つ宿場は珍しいのではないか。江戸という時代を深呼吸してみる。山のあなたの空遠く、近江を越えてなお遠く、雅びの京をしばしのばん。心なごんで、ちょっとしゃれてみたくなる。

関のお地蔵さん

「関の地蔵に振袖着せて　奈良の大仏婿にとる」と俗謡に唄われたお地蔵さんを祭る九関山宝蔵寺、というより地蔵院の名で知られ、今も参詣者が多い。

寺伝によれば天平13年行基の創建とされるから8世紀のこと。日本最古の地蔵とされ、石ではなく木像である。開眼供養を頼まれた一休禅師が小便をかけ、ふんどしを首に巻かせた。それにならってか、どこのお地蔵さんも首に布をかけている。

西の追分道標

関の小万のもたれ松

関の小万《こまん》の仇討

鈴鹿馬子唄に「関の小万が亀山通い、月に雪駄が二十五足」と唄われた健気な娘の話も残っている。

人の恨みをかって殺された久留米藩の剣道指南役だった夫の敵を追って関までできた身重の妻が、旅籠山田屋で出産のあと亡くなってしまう。主は女児を小万と名づけて育てあげ、亀山まで剣術修行に通わせる。18の時、亀山にきた敵を探しあてて本懐を果たした。時代精神の一規範とはいえ、両親の顔も知らない赤ん坊が長じて素志を遂げたというのは例がないだろう。

孝女の誉れ高く、嫁にしたいとする者も多かったが、山田屋に奉公すること20年、亡くなって福蔵寺に葬られた。江戸時代では至高の美談である。近松劇に出てくる丹波与作と恋仲になり、これも馬子唄になるが、それは別の小万だという説もあり、定かでない。

山田屋は文久3年に会津安五郎に受け継がれて改修された。今は食堂を営む森元克子さん。鳳凰が上に舞い、「あいづや」まで読める漆喰の大看板が出てきたのをきっかけに、変遷を重ねたこの家の歴史年譜を作っている、といって見せてくれた。

「関の山」

毎年の八坂神社の祇園会に引き出される見事な山車《だし》（かつては16基あった）。道幅いっぱいに造られており、これ以上大きいと宿内を通れない。できうる限度という意味の「関の山」という言葉はここからきている。

鈴鹿馬子唄会館など新しい施設もできている一方、東海道にただ一軒仕事場の面影を残していた片岡鍛冶屋。地

関宿の街並み

藏院門前町の風物詩の一隅だったが、最近主人が亡くなってあとはどうなるだろう。

銘菓「関の戸」、庵《いおり》看板も名物

特筆すべきこと最後に一つ。「関の戸文化」ともよびたい、大名も道を譲ったという位の高い和菓子があった。

二階の虫籠窓の真中にある唐破風の屋根付き看板、両側に魔除けの獅子を配し、中央に関の字を型どった瓦がシンボルマークで、庵看板といわれた。「関の戸」と彫られているが、京側は漢字で江戸側はくずし字、旅人への道標になる。これは東海道のルールだが、今はここだけに残っている。「関の戸」が和菓子の名前で、店は創業350年になる。天明年間に類焼したあとの建物だが、材木はすべて火事見舞に届けられたものという、往時の盛況ぶりだった。

小豆のこし餡《あん》を求皮《ぎゅうひ》で包み阿波の和三盆をまぶした関の戸は、盆に並べると薄雪の積もった鈴鹿を連想させる。

天保2年7代目に上皇より従二位陸《む》奥大掾《つだいじょう》を賜わった。青貝を散りばめた四段重ねの総螺鈿《らでん》の担い箱に納めて御室御所へ運ぶ時は、寺侍が迎えにくる。位の高くない大名は道をよけた。

途中石部宿で一泊するのだが、夜は不審番がついたという物々しさとは程遠い、舌ざわりにも甘味にも気取ったところのない、初《うぶ》な、優しい和菓子である。

「関の戸」の庵看板。
右・京側、左が江戸側

青貝を散りばめた荷担箱。四重の重箱に入れ「関の戸」を京へ献上した

簡素ながら奥行きの深い味が口中に静かにひろがる。忘れられていく日本の心か、あえて「関の戸文化」としたゆえんである。

あとがき

東海道は江戸日本橋から京三条大橋までだが、どこから歩いても、どこを歩いても、その終着は自分自身である。

ここ数十年、科学・技術のめくるめく革新によって、第二の文明開化を迎え、私たちの暮らしは、「速い・安い・便利」至上主義になっている。その快適さと豊かさを享受しながら、心の奥は慢性疲労、みずみずしさを失っている。

取り締まりようのない「文明のスピード違反」の中で、人類は栄華の矛盾とつじつまを合わせて生存している。

江戸時代の時空に浸るひとときを過ごすには、歩く速度がちょうどよい。心なごみ、懐かしささえ覚える。それは一《いつ》に道である。道に暮らしが始まり、文化が営まれる。歴史という舞台での盛衰の跡を訪ね、その光と影、いや影にも現れなかったひたむきに生きた人びとの哀歓にも思いを寄せることが、歴史への追憶である。東海道は生きている。あえて旧東海道と記述しなかったゆえんである。

江戸時代から現代を見る視点もまじえ、立ち止まって人間の幸福について考えてみた。遺されている東海道の表情から季節の移ろいと人間のドラマを想像する。懐かしさという情感にひたって心癒される。それは生きる力の回復であって、感傷ではない。見えるものから見えないものを想像し、対話する力を鍛えるしかない。

東海道に関する資料は研究書・ガイドブックなどたくさんあり、ずいぶんお世話になり、勉強させてもらった。多くの宿場に専門家以上の郷土史家や語り部がおられ、ご教示いただいた。それがきっかけで、多分どの本にも載っていないことをいくつか発掘することができた。表記の異なる場合、なるべく現地の採用している方に従った。数字の表記には悩んだが、折をみて詰めていきたい。

どの宿場へも原則として東から入った。弥次喜多や広重なども登場させ、東海道の原情景が少しでも伝わるよう協力してもらった。また、鈴木順一さん、大竹勝彦さん、中村孝・文子さん夫妻、山本久夫さんには、運転免許証のない私に時どき付き合っていただき感謝します。

私が遅筆の上、撮影担当の岡田文士さんも他の仕事が重なって、完成までに劉永昇編集長のコーディネートによるところが大きい。出版を薦めて下さった稲垣喜代志代表はじめ三人に、厚くお礼申し上げます。

最後に、東海道四〇〇年の年に六、七回NHKに粟屋誠陽（本名）で出演したので、劉さんと相談し、遊び心でペンネームの新郷久と並記することにした。

二〇〇五年六月

粟屋誠陽
新郷　久

［著者略歴］
栗屋誠陽（あわや　まさひ）
1931年、愛知県碧南市に生まれる。56年、静岡大学文理学部国文科卒業。蒲郡高校、刈谷高校で教職に就き、愛知学泉大学講師を経て、現在東海学園大学講師。ＮＨＫテレビ「東海道よもやま話」に出演。愛知県サッカー協会参与。西三河サッカー協会会計監査、刈谷市サッカー連盟顧問。刈谷高校在職中より、英国イートン校との交流事業を担当（1988～現在）。高校現代国語副読本（筑摩書房）編集委員。
・『梶井基次郎全集』（筑摩書房）淀野隆三の編集に協力、研究書誌作成。
・『日本現代文学全集・梶井基次郎』（講談社)、『近代文学鑑賞講座・梶井基次郎』（角川書店）に研究書誌、作品論執筆。

新郷　久（しんごう　ひさし）
詩人。伊豆近代文学博物館設立に、資料収集・展示・解説担当として携わる。「旅の手帖」「旅のしおり」（NHKラジオ)、「文学のふるさと」「文学対談」（ＮＨＫ)、「歴史ウォッチング」（名古屋テレビ）等、ラジオ・テレビ出演多数。中日・東京、朝日、毎日各新聞でエッセイ、コラムを執筆。
［著書と作品］
詩集『放浪日記』（ユリイカ）
詩画集『ヴェロニカの午睡』『め・にょ・じょのカオス』（柴舟画廊）
『湯ヶ島と文学』（伊豆近代文学博物館）
『さくらの星座』（風媒社）
長編小説「泥の流れに……」（共同執筆・「芸文」連載）
短篇小説「薔薇かげの倫理」「雪の柩」等

写真撮影　岡田文士、スタジオクロ

感動発見！　東海道みちくさウォーク

2005年7月29日　第1刷発行　（定価はカバーに表示してあります）

著　者　栗屋　誠陽
　　　　新郷　久

発行者　稲垣喜代志

発行所　名古屋市中区上前津2-9-14　久野ビル
振替00880-5-5616　電話052-331-0008
http://www.fubaisha.com/
風媒社《ふうばいしゃ》

乱丁・落丁本はお取り替えいたします。　＊印刷・製本／大阪書籍
ISBN4-8331-0119-X